ANALYSE DE L'AMOUR

Paru au Livre de Poche :

VIVRE ET PHILOSOPHER

MARCEL CONCHE

Analyse de l'amour

et autres sujets

LE LIVRE DE POCHE

Ouvrage publié sous la direction de Jean-Paul Enthoven.

ISBN : 978-2-253-15625-3

*Pour Catherine,
ma fille d'alliance.*

Préface à la nouvelle édition

À part les deux premiers, les chapitres de ce livre font signe vers les Grecs. Devenir philosophe, c'est « devenir grec », car c'est ne plus compter que sur les seules ressources de la raison naturelle (*logos*), en laissant de côté les idées religieuses (telles celle de « Dieu », d'« âme immortelle », etc.), lesquelles, à l'époque moderne, sont mêlées aux idées laïques, de sorte que les systèmes de philosophie de cette époque sont (à l'exception de celui de Spinoza) des mixtes de théologie et de philosophie (chap. 6). Revenir aux Grecs, c'est aussi découvrir la Nature comme Cause première de toutes choses, au lieu du Dieu biblique — non pas la nature comme opposée à la culture, à l'esprit, à la liberté, à l'histoire, etc., mais la *Phusis* grecque, infinie (*apeiron*), éternelle, omnienglobante, créatrice, selon les pluralistes grecs (Anaximandre, Démocrite, les Épicuriens), de mondes innombrables (chap. 5). Découvrir la Nature, c'est aussi prendre conscience, avec Épicure, de la mort comme non-vie, et du remède à la crainte de la mort : la philosophie elle-même, qui, bannissant cette crainte, donne fermeté au bonheur incertain de l'homme ordinaire (chap. 3). Enfin, revenir aux Grecs, c'est découvrir Socrate et l'esprit de tolérance absolue qui régnait autour de lui dans l'examen et la discussion des opinions (chap. 4).

Les deux premiers chapitres portent la marque de l'époque moderne. Certes, les Grecs ont bien connu l'amour, qu'il s'agisse de l'amour érotique (*erôs*), de l'amitié (*philia*), de l'amour-dévouement (*agapè*), ou de l'affection (*storge*), mais l'amour ici analysé au chapitre 1 suppose l'égalité foncière de l'homme et de la femme (dans leur différence), et cela nous situe au temps d'aujourd'hui. C'est l'amour « complet », qui engage « toutes les puissances de l'homme » sans aliéner sa liberté, car il ne laisse pas de côté la raison et la réflexion.. Il est tout autre que l'amour passion, ici, comme chez Lucrèce, sévèrement rejeté ; tout autre aussi que le « pur amour », qui n'exige pas la réciprocité, et que l'auteur n'avait pas encore rencontré (il en parlera dans *Corsica*. PUF, 2010).

En quoi le chapitre 2 est-il marqué par la modernité ? Certes, les Grecs ont connu aussi bien la morale (telle la morale de la pitié chez Homère) que les éthiques — éthique du bonheur (avec Pyrrhon, Épicure, etc.), de la gloire (Achille), de la bienveillance et du service d'autrui (Socrate), etc. Mais ils n'ont pas eu la notion d'obligation inconditionnelle de l'être humain envers tout être humain qui est dans la détresse, fût-ce l'ennemi, car même si l'on trouve cette notion chez Épaminondas, elle est loin d'être un trait général de l'esprit grec. L'être humain est un être au monde, où il est *avec* les autres. La solidarité et le lien avec tous les humains s'inscrivent comme un trait constitutif de chaque être humain comme tel. Telle est la structure

de l'être humain à l'époque présente. De là l'obligation réciproque universelle, obligation pour tous les
humains d'aider tous les humains. Cela implique l'obligation, pour chacun, de choisir un avenir qui ne soit pas
seulement le sien, mais en lequel il y ait quelque chose
qui marque le souci de l'avenir de tous (par exemple, il
ne faut pas faire fi des économies d'énergie).

Avant-propos

« Criton, nous devons un coq à Asclépios » — au dieu guérisseur : tels sont les derniers mots de Socrate. De quoi, mourant, Socrate s'estime-t-il guéri ? De la vie ? Ou — ce que je crois — de la mort elle-même ?

« Cette risible et terrible "dernière parole" signifie pour qui sait entendre : Ô Criton, la vie est une maladie ! » Ainsi parle Nietzsche (*Le Gai Savoir*, § 340). Socrate serait un « pessimiste ». Il aurait fait « bonne contenance à l'égard de la vie », tout en dissimulant aux yeux de tous son « ultime jugement », radicalement négatif sur l'existence. Mais comment croire que celui que l'on a vu, pendant plus de trente ans, errer dans les rues, les places et les jardins d'Athènes, aborder en frère aîné les citoyens de sa ville pour les entretenir du beau et du bien, entrer dans les boutiques pour y prouver que l'âme vaut mieux que le corps, rendre visite aux politiques, aux poètes, aux artistes, pour éveiller en eux l'idée de la vraie sagesse, que cet homme, qui ne songeait qu'à rendre les hommes meilleurs parce qu'il les aimait, était un pessimiste ? Il aimait les hommes, il aimait la vie ; bien plus : il était amoureux de la vie (et c'est pourquoi il n'avait nul besoin des valeurs illusoires que les hommes y ajoutent).

Mourant, « *nous devons* un coq à Asclépios », dit-il. Car il ne meurt pas seul, mais, par Criton, Phédon et d'autres de ses fidèles, entouré et compris. Il meurt au milieu des enfants de ce qu'il y a de meilleur en lui : des enfants de son âme. Asclépios est celui qui « a appris à ramener les morts du royaume des ombres » (Eschyle, *Agamemnon*, 1022-1024); il sait ressusciter les morts. Socrate et ses fidèles lui doivent un sacrifice, car la mort de Socrate n'est pas la mort de son âme : elle est exemptée de la mort. Elle vit plus que jamais en chacun de ceux qui sont autour de lui et dans leur communauté même. La mort qui est un mal est la mort solitaire, mais Socrate meurt heureux parce qu'il sait qu'il va revivre, en son essence même — en cela seul qui, pour lui, compte vraiment —, dans ceux pour qui il a vécu, qu'il a aimés. Car, certes, il ne pourrait pas voir la mort sous un jour si paisible, l'accueillir comme il fait, s'il n'aimait pas ceux qui l'aiment et en qui vivante est sa leçon. Mais leur amour est réciproque, et c'est pourquoi ils sont unis dans leur sacrifice au dieu. La clef de la nature et de la sagesse socratiques est l'amour.

1

Analyse de l'amour

Le véritable amour n'est pas purement sentimental. Il ne laisse pas hors de lui la raison et la volonté. Il engage toutes les puissances de l'homme, mais en le laissant libre, maître de soi, non pas gouverné par son amour mais gouvernant son amour. Il n'est pas dépendant des variations de l'objet aimé, car son enjeu est au-delà de ces variations. Il n'a pas d'ennemi dans le monde ; il n'a pas d'autre ennemi que la mort. À certains égards, il a le caractère d'une entreprise, mais dont la fin n'est ni la domination de la nature ni la domination de l'homme, ni aucune sorte de domination, dont la fin est, pour l'être aimé, une vie heureuse parce que vécue selon sa plus profonde vérité. Le véritable amour est philosophique, parce que en font partie la méditation, la réflexion sur la vie : il est vécu, en effet, avec la conscience de sa signification et de son importance, comme ce qui compte plus que toutes autres choses que la vie peut apporter, et toutes activités orientées vers la réussite dans le monde. Il est ce par quoi, même vieux, l'on se sent jeune, même près de la mort, l'on se sent vivant, et aussi ce par quoi l'on se sent fort contre les coups du sort, la malignité d'autrui ou sa bêtise, et les aspérités de la vie. Peut-être est-ce l'amour seul qui permet de résister à la torture sans parler, mais l'amour qui n'est pas aliénation et extranéation de la personne, comme est la passion, qui, au contraire, est accomplissement de la personne, effectuation de l'amour qu'en puissance elle était pour un être espéré et attendu.

Je parle de l'amour « véritable », et par « véritable », j'entends complet, qui retient en soi tous les moments de l'amour qui se trouvent dissociés dans les amours imparfaits. Tel l'amour passionnel où le dynamisme pulsionnel se subordonne la parole et la volonté, leur ôte l'indépendance sans laquelle l'une et l'autre dérivent vers la déraison. Tel l'amour de sentiment, que l'on éprouve pour une sœur, un frère, un ami, où la relation au corps est hors de toute pensée et esquivée, spiritualisée, réduite à la condition de symbole ou de signe de notre affection, tandis que l'engagement de volonté est intimement resserré et restreint du fait de la divergence des intérêts, chacun ayant les siens. Tel l'« amour », le prétendu amour de Dieu, où la présence corporelle fait défaut, qui ne répond pas quand on lui parle et à qui on ne peut faire aucun bien. Tel l'amour de la patrie, où la corporéité s'enfonce dans l'inconnu et l'indéfini, où la parole est confisquée par des parleurs nantis d'une légitimité de surface (car tout ce qui est sujet à contestation et à variation n'est que de surface), tandis que la seule chose vraiment claire qui s'attache au beau mot de « patrie » est qu'il faut être prêt à mourir pour elle.

L'amour complet suppose la rencontre d'un semblable, par où il faut entendre non nécessairement un être humain qui nous ressemble en ce que chacun a de particulier, qui peut être une maladie, un handicap, une laideur, ou la vieillesse, etc., mais un être humain qui ne soulève pas, chez qui le regarde, d'objections à son être, c'est-à-dire dont il nous semble bon qu'il soit comme il est, sans ajouts ni retouches, et cela arrive lorsque nous avons une impression de beauté : c'est, du reste, la même chose. Il faut toutefois distinguer la beauté immédiate et une plus profonde et plus essentielle beauté. Dans l'amour parfait, la beauté qui se donne à voir n'est ni l'une ni l'autre séparément : elle est faite de l'accord entre la beauté immédiate et sensible et la beauté intime et essentielle. Cet accord, cette harmonie font que l'âme et le corps, l'apparence extérieure et le for intérieur sont en unité et paraissent indissociables. Si la beauté sensible est contredite par une froideur que l'on devine, si quelque chose, dans le comportement ou la parole, de cérémonieux, de mécanique ou de prudent, laisse entrevoir, au niveau essentiel, le manque de générosité et d'amour, la sécheresse d'âme, l'amour est possible, mais il reste pulsionnel, avide, et nécessairement imparfait. On dira peut-être que ce que l'on aime est « une véritable beauté ». Mais il ne s'agira que de beauté physique, alors que ce qui compte est le rapport entre cette beauté que chacun peut voir et l'autre qui est de l'ordre de l'âme et de l'esprit. Il peut arriver que l'amant, par-delà la laideur apparente, perçoive la beauté profonde. De là une sorte d'amour spirituel qui n'est cependant pas l'amour parfait, car le côté sensible, sensoriel, n'y est pas présent selon son droit. L'amour est joie. La laideur ne peut donner de la joie, et dès lors fait défaut une certaine composante de la joie.

Il y a, à aimer, une joie profonde, qui, pourtant, se change en douleur si l'amour n'est pas partagé.

L'amour malheureux est un faux amour, quelle que soit la sincérité de l'amant, car on peut dire « faux » ce qui est manqué, absurde, vide de sens. L'amoureux transi, embarrassé dans sa timidité, est ridicule et ennuyeux. Il perd sa vie et son temps en gestes dérisoires, en appels implorants, en lettres sublimes qui ne seront pas lues jusqu'au bout. Et qu'arrive-t-il ? À force de se heurter à l'indifférence, l'amour peut se changer en haine et désir de vengeance. Le temps seul guérit les amours sans espoir, mais il les guérit sûrement et implacablement. La personne aimée, bien que toujours la même, devient fade et sans goût. La simple amitié même est rendue difficile par quelque sourd ressentiment. Elle était tout, elle n'est plus rien. Et l'on regrette la vanité de tout ce que l'on a senti, imaginé ou fait pour elle.

L'amour n'a de sens que réciproque, mais réciprocité ne signifie pas égalité. Il s'agit d'une réciprocité dans la différence, comme l'homme est différent de la femme, le vieux du jeune, le maître de l'apprenti, etc. Chacun aime en étant soi-même et en s'accomplissant. Chacun donne et reçoit, et ce qu'il donne est autre que ce qu'il reçoit. Qu'est-ce qui est donné ? Ce qui, par le don, n'appauvrit pas, car cela résulte d'une plénitude. Mais si ce que l'on donne est un bien matériel, on ne l'a plus. Sans doute, mais on est plus riche de ne l'avoir plus. Car on a changé la satisfaction de l'avoir en un contentement d'une autre nature. Qu'est-ce qui est reçu ? Ce dont on a en vérité besoin, qui n'est pas de l'ordre du cadeau, et aussi ce que l'on est rendu capable de recevoir par l'amour. L'amour fait que l'on ressent l'existence de l'autre comme un bienfait ; entendons que chacun, par sa présence seule, est pour l'autre un bienfait. Est « bienfait » ce qui fait du bien : chacun, en compagnie de l'autre, se sent extraordinairement bien.

Venons-en maintenant à l'analyse de l'amour parfait selon ses trois côtés : celui de la sensibilité, celui de l'intelligence, celui de la volonté.

L'être-ensemble de ceux qui s'aiment s'accompagne d'un rapport sensoriel : on se voit, on s'entend, on se touche. Tous les sens peuvent, par consentement mutuel, intervenir dans ce rapport. Il y a plaisir et tendresse à poser sa main sur des épaules, sur un cou délicat ; il y a émotion, lorsqu'on incline vers soi une tête chère, à respirer le parfum des cheveux. Le rapport sensoriel ne va pas jusqu'à la sensualité pour elle-même, où sa signification d'être un lien et une entente avec l'autre se perdrait dans l'immédiateté du plaisir. C'est dire que, dans l'amour dont je parle, où la maîtrise de soi a sa part, sont privilégiés les gestes par lesquels s'exprime le mieux la communauté de l'entente. La chair et le corps doivent aider, par-delà la séparation de « toi » et de « moi », à réaliser un « nous ». Si l'on distingue, dans l'amour, le côté ou le moment de la sensibilité, le côté de l'intelligence et celui de la volonté, cela ne signifie pas qu'intelligence et volonté soient absentes dans le rapport sensoriel. Il faut l'intelligence d'autrui pour avancer sans heurter, pour proposer ce qui plaira, pour aller au-devant des souhaits obscurs. Il faut l'acte volontaire dans le geste sensuel, car c'est en n'étant pas purement passifs, mais en étant actifs ensemble, que se réalisent le mieux la connivence, la complicité, la communion des amants. Parmi les comportements, ceux qui ont plus de délicatesse et de douceur sont préférés à ceux qui ont plus de brutalité et de violence. L'accouplement n'est ni la fin ni l'accompagnement nécessaire du rapport sensoriel; il n'est pas essentiel à la réalisation de l'amour en sa vérité : il a plutôt le caractère d'un accident — je prends le mot au sens d'Aristote. Certes, il n'y a rien à lui objecter s'il est voulu de part et d'autre, mais il n'a aucunement le pouvoir de lier ceux qui ne seraient pas déjà dans une mutuelle appartenance par l'effet d'un lien d'une autre nature. Il n'apporte aucun enrichissement à l'amour, mais plutôt une lourdeur où la singularité des personnes et l'unicité de leur amour ne se retrouvent pas. Ce qui relève de l'instinct reste étranger à l'essence singulière et spirituelle de l'amour.

Le rapport sensoriel et sensible de ceux qui s'aiment veut être un langage. Les gestes du désir ne visent à éveiller le désir de l'autre et à son plaisir que pour l'inviter à explorer ensemble un pays et un paysage inconnus, comme s'il s'agissait de découvrir ensemble les mystères d'un bois profond. Ce que l'on découvre ainsi, dans une sorte de perception et d'émotion partagées, c'est un monde de sensations inédites, indéfinies et surprenantes. On est en dehors de la quotidienneté de la vie, dans une sorte de jubilation et d'extase sensorielle. Ici, les sensations ne montrent pas des objets : elles provoquent d'autres sensations, mais qui sont les sensations de l'autre; ou, du moins, elles révèlent celui-ci sous le jour de l'incarnation. Alors que nous sommes journellement affectés par le coefficient d'utilité ou d'adversité des choses, elles ont valeur de dépaysement. Et l'on trouve dans l'immédiateté du sentir, vécu indissociablement en tant que plaisir et en tant qu'offrande, une sorte de repos.

Il n'y a naturellement pas de limite de principe ou d'obstacle moral à la poursuite en commun des sensations variées qu'offrent les corps, si du moins ceux que lie ensemble la promesse tacite de l'amour sont toujours à l'unisson d'une entente ingénue. Si, en effet, le consentement ne ressort pas de la naïveté de l'amour mais d'un calcul, comme il arrive lorsque ce qui est recherché est soit le gain, soit le plaisir, ce n'est plus d'« amour » qu'il faut parler, même si chacun « gagne » quelque chose à la relation mutuelle et s'en trouve dès lors satisfait — de sorte que la morale n'a peut-être non plus rien à y voir, puisqu'il n'y a pas pénalité. « Aime et fais ce que tu veux », dit-on. Il est facile d'objecter que l'amour ne saurait donner le droit de faire ce que l'on veut à l'encontre de la volonté d'autrui. Mais il est non moins aisé de répondre que l'amour exclut, précisément, que l'on veuille ce que l'être aimé ne voudrait pas. L'amour implique nécessairement l'ajustement de ma volonté à la volonté d'autrui.

Les choses ne sont toutefois pas si simples : que signifie, dans l'amour vrai et réciproque, l'ajustement l'une à l'autre des deux volontés ? Chacun veut ce que l'autre veut, mais, au-delà de ce qu'il veut, il y a ce qu'il *voudrait*, et à quoi il renonce pour respecter la mesure de son vouloir au vouloir de l'autre. Dès lors, si les amants (ceux qui s'aiment) s'accordent, c'est par volontés restreintes. Mais si les volontés ne s'accordent qu'en corrigeant la disconvenance des désirs et en les ramenant à niveau, cela ne va pas sans frustration et déception, et ce côté négatif de la relation, bien que réprimé par la volonté aimante, toutefois demeure et s'inscrit dans la mémoire. Dans la mémoire psychique se constituent ainsi, par l'effet de la déception, des réserves potentielles d'agressivité, qui, un jour, chez des êtres dénués de sagesse et chez qui le pouvoir de la raison s'est relâ-

ché, pourront éclater sous forme de reproches, de mani-
festations d'amertume ou autres. Plus grands auront
été les renoncements imposés aux volontés virtuelles
et aux désirs par la volonté aimante, et plus fort, plus
dangereux pour l'amour, sera le principe de dissolution
et de désagrégation de ce lien. D'où vient que les renoncements, les mises au pas imposés aux désirs soient
fort différents selon les couples? Parfois l'un et l'autre
de ceux qui s'aiment souhaitent presque toujours la
même chose, le même amusement, et la complaisance
non forcée de l'un n'a d'égale que la complaisance non
forcée de l'autre; mais, bien souvent, il y a inégalité,
beaucoup de contrainte d'un côté, peu de l'autre, ou
réciproquement : de là un principe de rupture inhérent
à la relation amoureuse. Or, à quoi tient la discordance
des désirs? Les désirs, qu'ils soient ou non assumés
par la volonté, en eux-mêmes ne sont pas volontaires.
Pourquoi sont-ils tels? À leur naissance, ils sont ce que
l'on ne contrôle pas. Leur discordance tient donc à la
discordance des natures. Il y a donc, dans la réussite
sensuelle de la relation amoureuse, une part de hasard
et de fatalité.

Quelle est l'importance, dans l'amour vrai, de la relation sensorielle, avec ou non son aspect sensuel? Pour
aimer d'un tel amour, j'entends d'un amour vrai, c'est-
à-dire complet, il faut voir l'être aimé ou l'avoir vu.
C'est là une condition nécessaire. Ceux qui s'aiment
se sont rencontrés, se sont vus. Souvent, ils se sont
« remarqués », ont eu plaisir à se voir, ou même ont
éprouvé à se voir un choc de plaisir. Si chacun trouve
l'autre à son gré, il peut arriver que la rencontre ait,
pour l'un et l'autre, une signification d'amour, mais
quelle sorte d'amour, c'est ce qui n'apparaîtra que plus

tard. La perception du visage, de la voix, du parfum, n'a rien encore d'une perception privilégiée. Elle est celle de tout un chacun. Il en va autrement de la vision du corps en sa nudité, du goût des lèvres et de la peau, du toucher détaillé du corps. Comme on l'a dit, il ne semble pas qu'il y ait ici de limite à la découverte et à l'exploration mutuelle des corps, aussi longtemps du moins qu'existe le commun accord. Chacun est ici attentif à la signification symbolique de la relation, ce qui est important n'étant pas tant ce qui est consenti que le fait que ce soit consenti, ce qui est refusé que le fait que ce soit refusé. La relation sensuellement senso-rielle vaut comme test du degré de force de l'amour, dans la mesure où un refus est interprété comme signi-fiant une limitation de l'amour même, comme si l'on aimait jusqu'à un certain point. C'est là que l'erreur peut s'introduire : l'amour doit être analysé en niveaux, et un refus, une réticence, donc une limitation de l'amour au niveau de la mutuelle approche sensorielle, n'entraînent pas qu'une telle limitation doive se trouver au niveau de l'âme et de l'esprit, soit dans la sincérité de la parole, soit dans l'absoluité du dévouement. Ainsi un amour qui n'obtient pas une satisfaction complète au niveau sensoriel peut, sans être parfait, être presque parfait.

Le second moment, ou aspect, ou élément d'un tel amour, est de l'ordre du logos.

Les amants, après ce qu'ils appellent l'« amour », n'ont souvent pas grand-chose à se dire, si du moins ils n'ont plus guère à apprendre l'un de l'autre, quant aux faits ou événements qui les concernent. Leur famille, leurs amis, leurs projets mondains immédiats four-nissent, en général, la matière de leurs propos. Ainsi le second moment essentiel dans le développement de l'amour n'est plus rien de signifiant.

Or, ceux qui s'aiment sont des personnes dont chacune vit sous l'horizon d'une certaine conception de la vie, le plus souvent, il est vrai, implicite, non tirée au clair. Avec elle, ce qui s'ajoute au monde, c'est un certain monde, c'est-à-dire une certaine manière de voir toutes choses ensemble. D'ordinaire, les propos qu'échangent les amants sont bien loin d'avoir le caractère d'une expression totale, ni n'y prétendent. Il faudrait pour cela une réflexion sur ce qui est, pour chacun, le principe de son monde, à partir de quoi tous les jours partiels tirent leur lumière.

Or, c'est une telle réflexion qui, dans l'amour complet et l'entente parfaite entre deux êtres, constitue le second moment, celui où l'approche sensible est laissée de côté, où dominent l'intelligence, la vie intellectuelle et spirituelle. Il ne s'agit pas, bien sûr, de deux réflexions solitaires : les amants réfléchissent ensemble et examinent, aussi bien pour l'un que pour l'autre, quelles sont leurs ultimes raisons de juger et d'agir. Il s'agit, pour chacun, de donner à l'autre la clef de son monde, c'est-à-dire de son ultime évaluation de toutes choses.

Cela n'est possible que par l'amour, car, sans amour, chacun ne s'arrête pas à l'autre, mais va au-delà. Dans la conversation ordinaire, les propos échangés ont un caractère accidentel par rapport aux projets de chacun. L'un songe à son jardinage, et l'on vient lui demander son avis sur les vertus de l'eau de goudron selon Berkeley. Ou, s'il s'agit de projets communs, ce sont ces projets qui comptent et leur mise en œuvre, non les opinions philosophiques de l'un ou de l'autre. Les amis mêmes qui se rencontrent — « amis » au sens large qu'a ce mot aujourd'hui —, jusqu'à quel point s'écoutent-ils ? Chacun, avec ses « problèmes », ennuie l'autre — du moins ainsi en est-il souvent. S'il y a plaisir à se rencontrer et à parler ensemble, c'est que le sujet de conversation n'est ni les « problèmes » de l'un ni ceux de l'autre, mais un sujet, quel qu'il soit, qui intéresse l'un et l'autre. Ainsi, de toute façon, se porte-t-on au-delà des personnes, qui, comme telles, n'intéressent pas. Il n'en va pas autrement dans la discussion réglée, telle que Montaigne l'a définie, où ce qui importe est seulement la vérité et de dresser son jugement à ne la refuser, gauchir ni déborder en rien.

Dans la relation d'amour, au contraire, chacun est pour l'autre d'un intérêt inépuisable, et ce dont on fait abstraction n'est pas des personnes mais du reste du monde. Chacun vise à se mieux connaître en se disant à l'autre et se réfléchissant dans l'autre. Il choisit le regard et le jugement de l'autre comme ce qui décide de la vérité de son être. Peu lui importe d'être mésestimé par celui dont il ne se soucie pas, pourvu que celui qu'il aime croie en lui. Et chacun veut connaître l'autre jusqu'au principe même de son intérêt pour la vie. La découverte que font les amants, chacun de la vision du monde de l'autre, n'est pas sans risque pour l'amour. Celui-ci peut ne pas résister au conflit de trop grandes différences, notamment s'il y a trop de discordance, de l'un à l'autre, dans la hiérarchie des valeurs ou dans les croyances fondamentales. Certes, celui qui est honnête peut aimer celui qui est malhonnête, l'incroyant peut aimer le catholique ou le juif, mais, en ce cas, cet amour n'est pas celui dont nous parlons ici. L'amour en son absoluité, l'amour sans rides suppose le non-désaccord sur ce qui, à l'un ou à l'autre ou aux deux, paraît essentiel, et qu'ils partagent la même vision de la vie. Celui pour qui la vie ne vaut que par le plaisir peut sans doute être amoureux de celui pour qui la vie ne vaut que par la création, mais il ne peut avec lui réaliser l'amour.

En revanche, quelle joie substantielle lorsque la parole réciproque révèle une identité de perception du monde et de la vie, quand il va de soi, pour l'un comme pour l'autre des amants, que telle croyance est obsolète ou odieuse ou vide, et, en tout cas, impossible pour soi, que tel comportement s'impose, que tel autre est injustifiable, que telle valeur, comme l'honnêteté, est suprême, telle autre, comme l'argent spéculatif, méprisable, que telle cause est juste, telle autre injuste, etc. Encore convient-il de ne pas s'en tenir au niveau des opinions, lesquelles peuvent être des effets et des résultats de l'éducation et des influences, auquel cas l'identité dont nous parlons, n'étant due qu'à des facteurs extérieurs, manque de racine. Cette racine ne peut être que ce qu'il y a en chacun de plus libre à l'égard de tout ce qui, du dehors, pèse sur le jugement. Or, ce qu'il y a de plus libre, ou plutôt ce qui seul est libre à l'égard de toutes les causes, tant psychiques que sociologiques, n'est autre que la raison. Ceux qui s'aiment, dans le propos dialogique, ne se bornent pas à se dire leurs opinions comme des faits, en espérant une coïncidence de celles de l'un avec celles de l'autre : ils les examinent d'un point de vue critique et avec le souci de la vérité. Il n'y a pas d'amour vrai sans dialogue, et un dialogue inspiré et conduit par la recherche du vrai. Mais de quelle vérité s'agit-il ? Non seulement du caractère de vérité ou de fausseté, du bien-fondé de telles opinions partielles sur des sujets particuliers, mais de la vérité unique et métaphysique sur le fond de laquelle s'inscrivent les opinions particulières. La vérité méta-physique étant l'objet de la philosophie, le dialogue des amants est un dialogue philosophique.

Or, la philosophie existe parce que l'homme meurt. Ceux qui s'aiment vont donc, ensemble, s'interroger sur la signification de la mort pour leur amour, étant entendu que la mort est une fin. Mais la mort, dira-t-on, n'est pas une fin pour celui qui admet les conceptions religieuses sur la survie de l'« âme ». Sans doute, mais, en ce cas, ou les deux amants sont croyants l'un et l'autre, ou l'un est croyant et l'autre ne l'est pas. Ils pourront, bien sûr, dialoguer, mais ce ne sera pas un dialogue philosophique puisque, soit pour eux deux soit pour l'un des deux, les conceptions religieuses, qui reposent sur la « foi », seront soustraites à l'examen. Le dialogue philosophique ne laisse rien sans l'exami-ner, surtout pas ce qui est précisément l'essentiel. Si des questions essentielles sont soustraites à l'examen comme questions de foi, un bloc d'obscurité, de non-transparence, pèse sur les amants ou s'introduit entre eux. Les croyances collectives, vis-à-vis desquelles ils n'ont pas été libres, viennent empêcher les individus d'avoir un dialogue qui aille au fond, qui ait un carac-tère radical. Et leur amour, en ce cas, a nécessairement, dans sa structure même, un caractère imparfait.

Au contraire, les amants qui s'en tiennent à l'évi-dence de la mort, et qui vivent leur amour sous l'hori-zon de la mort comme une fin, peuvent connaître un amour parfait. Car, dans l'amour parfait, il n'y a que toi et moi, la raison qui fonde le dialogue, et, corrélative-ment, l'absurdité de la mort. Que signifie pour l'amour, tel qu'il est à présent vécu, le fait qu'il finisse à la mort?

Car, de cette fin de l'amour à la mort, il n'y a pas lieu de douter : l'un des amants peut survivre à l'autre mais non l'amour, car le survivant ne pourra dire : « J'aime », mais seulement : « J'aimais. » Il appartient à l'amour d'être une relation. Il n'existe pas d'un côté seulement. Que devient donc la relation d'amour lorsqu'elle se pense comme n'ayant pas pour elle la durée ? Lorsque est détruit ce qui était sans valeur, il n'y a là rien de tragique. Mais lorsque est voué à ne plus être ce qui a le plus de valeur, là est le tragique. Or, rien n'a plus de valeur pour les amants que leur amour. L'amour malheureux n'est pas tragique, car la souffrance d'aimer est alors sans signification, et que disparaisse ce qui est un non-sens, cela a du sens, et n'est pas tragique. Mais l'amour heureux, vécu-avec et ensemble, sur le fond de l'identité d'attitude envers la vie, celui-là porte en lui le tragique comme essentiel à la façon dont il se comprend lui-même et dont il est vécu.

Les meilleurs moments de la relation d'amour sont ceux aussi où le tragique est le plus présent, puisque c'est alors qu'apparaît dans toute son évidence l'indifférence de la mort à l'égard de la valeur de la vie. Or, ceux qui s'aiment veulent, de l'amour, les meilleurs moments. Par conséquent, ils en veulent aussi le tragique. Ils ne veulent pas que ce qu'ils vivent mérite d'être effacé, et pourtant ce sera effacé. Que faut-il entendre par « meilleurs moments » ? Ce sont ceux où l'entente dialectique, ayant permis de vérifier l'accord des âmes et des intelligences sur tous les points essentiels qui tiennent à la vision de la vie, conduit enfin à se tenir au-delà de la parole. Ce sera, par exemple, le moment où, l'entente avec elle étant parfaite, on se bornera à prendre le bras de celle que l'on aime et à parcourir avec elle les allées d'une fête foraine au son d'un orchestre de manège. On a laissé de côté les soucis, les urgences, la préoccupation de ce qu'il y a à faire ou à ne pas faire ; on goûte un pur moment de vie ; on est ensemble dans l'unisson du silence. Alors se fait sentir la force extrême de l'amour, dont le lien libère de tous les liens, et, en même temps, la faiblesse de cette force qui ne peut rien contre la mort.

Toutefois, la relation d'amour vrai enveloppe un troisième moment, celui de la volonté, laquelle volonté ne saurait avoir d'autre ennemi que la mort. Pourquoi vouloir si la mort, qui entraîne l'inanité de toutes choses, a nécessairement le dernier mot ? Mais ce qui est vain si l'on se place dans le temps immense de la nature n'est pas vain si l'on se borne à vivre dans le temps humain. Une génération puis une autre. Si mon amour se porte sur ceux qui viendront après, il y a sens à ce que mon amour se transmute sans cesse en volonté de leur favoriser la vie.

Lorsque la distance de temps est trop grande entre celui qui aime et celui qui est aimé, il n'y a pas de réciprocité possible. On peut aimer un enfant qui, lorsqu'il aura grandi, ne peut nous rendre notre amour que sous forme de gratitude, car nous ne serons plus. En ce cas, notre amour reste incomplet, imparfait : ce n'est pas celui dont nous parlons ici. Il faut que le jeune et le vieux, malgré la différence d'âge, se parlent, se comprennent, et que le jeune, quoique dans une tonalité différente et dans une certaine asymétrie, puisse rendre amour pour amour.

D'un côté, aimer c'est donner, abolir la différence du tien et du mien, se séparer volontiers, pour celui que l'on aime, de cela même à quoi l'on est le plus attaché, car, de toute façon, la mort nous en séparera, et, en s'en séparant pour celui en qui l'on revit, en qui l'on se retrouve, on court-circuite l'opération de la mort. D'un autre côté, aimer c'est accepter, avec simplicité, comme on prend un relais. Et de même que le coureur prend la suite du coureur d'avant dans la même course, de même, le jeune, en acceptant le don de ce qui tenait au plus près de l'activité du donneur, comme son entreprise, par exemple, confirme le lien d'amour par son vouloir même, celui de lui succéder dans son activité et non une autre, non qu'il se convertisse à cette activité par l'effet de ce don, car, au contraire, la raison d'être de ce don était dans sa vocation initiale à cette activité et non une autre. L'amour vrai, complet, raisonnable et essentiel, n'est, en effet, rien d'arbitraire. Il ne se décide pas par l'effet charmant des qualités immédiates : les amours de première vue sont souvent fragiles. Il se construit dans la durée par la prise de conscience des constantes du comportement. Les propos, les gestes, les conduites révèlent peu à peu la profonde fiabilité d'un être. L'amour passionnel peut exister sans beaucoup de confiance, mais non pas celui dont il s'agit ici, qui ne se contente pas du *statu quo* de la présence, mais qui implique la volonté de modeler l'avenir, ce qui ne va pas sans la fermeté du soutien mutuel des amants.

L'amant veut, de l'être aimé, favoriser la vie : aplanir la route, effacer les obstacles. Mais quelle vie ? Cela n'est pas indifférent. Aimer un enfant, cela peut signifier : vouloir qu'il soit lui-même, qu'il vive *sa* vie, même si son idéal de vie n'est pas celui que l'on aurait souhaité. Mais un tel amour reste imparfait. Il contredit à la visée profonde de l'amour, qui est l'union. Même si, en effet, l'enfant répond à l'amour par un certain amour, la séparation demeure puisque l'on a, d'un côté et de l'autre, des idéals de vie différents. Si l'on discute, il en ressortira la divergence qui était déjà dans les présupposés. Si l'on agit, si l'on s'engage, ce sera en discordance, même si chacun a, pour les choix de l'autre, compréhension et respect.

Que l'être aimé vive *sa* vie, soit ! et l'on ne manquera pas de lui apporter une aide. Mais à quel niveau ? Ce sera une aide matérielle et extérieure, puisqu'on n'aura pas accès à la sphère intime de sa vie. La visée d'union que comporte l'amour sera déçue. C'est pourquoi ce que souhaite celui qui aime, c'est donner à l'être aimé non tel ou tel bien indifférent en soi à son activité, mais les moyens mêmes qui rendaient celle-ci possible et lui ont permis de mener une belle vie selon son idée de la beauté, afin que l'aimé (qui est aussi amant) prenne le relais de cette vie belle elle-même. Où l'on voit que celui qui n'est pas satisfait de la vie qu'il a eue, qui est mécontent de la vie et de lui-même, n'est pas capable de l'amour dont nous parlons ici, car, devant la vie, il ne peut que laisser l'être aimé démuni — sinon, peut-être, matériellement — et livré à lui-même.

L'amour veut donner la vie et l'amour veut l'union. L'amour qui s'arrête au plaisir pris ensemble s'arrête au fantôme de l'union et se méconnaît lui-même. Car le plaisir, s'il est compatible avec un lien qui existe déjà, ne crée aucun lien. L'amour veut *au-delà* de l'union charnelle, qui n'en est pas une. L'amour veut l'enfant. L'union qui est à l'horizon de l'amour n'est pas l'union avec le partenaire sexuel, mais l'union avec l'enfant. Cette union se réalise déjà dans le fait même de la transmission de la vie. Mais le lien biologique, quoique fort, n'est pas le lien essentiel, car il n'est ni contrôlé ni voulu. Car si l'enfant a été voulu, on ne sait pas quel est l'enfant que l'on a voulu. L'amour veut, par-delà la mort, la transmission de la vie. Mais quelle vie ? Une vie humaine, et non « humaine » en général, mais selon l'idée que l'on se fait de l'homme, bref une vie qui soit encore *notre* vie.

Ainsi celui qui a fondé une entreprise et vécu pour elle, qu'il s'agisse d'une entreprise culturelle, commerciale, humanitaire ou autre, lorsque celui ou celle qu'il aime prend le relais de son activité et en assure la continuité, quel n'est pas son bonheur ! Alors il fait don de tout ce qui était la matière et les moyens de son activité, et en somme les propres conditions de son être, pour cet être nouveau à qui désormais appartiendront les jours, nouveau et cependant le même. Et peu importe ici qu'existe ou non le lien biologique, l'essentiel étant de l'ordre de l'âme et de l'esprit.

Mais si j'ai voué ma vie à la philosophie et si, à l'approche de la mort, je donne mes livres, mes instruments de travail, mes notes, mes conseils et, en somme, le meilleur de moi-même, à celui ou à celle à qui va mon amour et qui s'est voué comme moi à la vie philosophique, c'est, bien sûr, que j'ai reconnu en lui ou en elle la capacité *formatrice*, qui donne sens aux matériaux et aux moyens : un amour qui n'envelopperait pas l'estime de l'être aimé serait faux et arbitraire. Mais l'amour complet ou parfait est œuvre de raison autant que de sensibilité et de volonté.

Or, d'où vient, chez celui qui est aimé (et qui aime aussi), la capacité de donner forme aux données brutes de l'existence, aux éléments de la vie ? N'est-ce pas que celui qui aime (et qui est aimé) a *formé* celui qu'il aime dans un rapport pédagogique ? Mais si l'éducateur était seul actif et l'éduqué passif, par quel miracle l'éduqué deviendrait-il actif? Or, il faut qu'il le devienne puisqu'il doit prendre le relais de l'activité du premier. L'éducateur ne peut pas former celui qui reste passif, mais seulement celui qui est capable d'autoformation. Éduquer n'est que favoriser cette autoformation.

Or, d'où vient cette capacité d'autoformation? Si elle ne vient pas des hommes, elle ne peut venir que de la nature. Celui qui, parce qu'il aime, se fait éducateur, découvre une nature qui déjà en elle-même est une chance et un don. Semblable à celui de Socrate devant le « beau naturel » de Théétète est alors son émerveillement, lequel, pourtant, n'a rien d'un coup de foudre : il s'agit d'une impression qui se confirme jour après jour, au fur et à mesure que les propos, les jugements, les attitudes, les gestes, les comportements révèlent la qualité d'un être. Corrélativement s'éveillent, d'un côté, une âme d'éducateur, de l'autre, une disposition à se former soi-même sous le contrôle précisément du premier, car il s'agit d'une relation réciproque. D'un côté est la conviction de ne s'être pas trompé sur la qualité d'un être, et la justesse de cette conviction se vérifie chaque jour, d'un autre côté est la confiance en celui dont on est l'élu pour discerner, mieux peut-être qu'on ne le pourrait soi-même, ce qui est le meilleur pour soi. La relation d'amour est relation de complémentarité : chacun développe sa disposition propre par la vertu de l'autre ; ainsi chacun se doit à l'autre en son être même. Alors vaut la formule : « Dis-moi qui tu aimes, je te dirai qui tu es. »

La mort est le mur invincible contre lequel se brisent tous les projets. « Tous »? Oui, si l'on est seul : là est la sanction de l'égocentrisme, de l'égoïsme. Mais, par l'amour, on n'est plus seul. Et la mort, au moins à l'échelle humaine, se trouve vaincue, si du moins les amants (on aura compris que je prends le mot au sens du XVIIe siècle…) ne sont pas entraînés par le même destin, si, de par le décalage des générations, joue le décalage des destins. Ainsi l'amour accompli est celui du générateur et de l'enfant, entendant par « enfant » celui en qui, non par imitation mais par rencontre et par effet de chance, renaît la même vocation pour le même engagement, les mêmes tâches. La mort peut empêcher ce qui se fait de venir à son terme, mais elle ne peut empêcher le recommencement. La mort n'est rien si l'on aime ce qui vient après soi.

Ainsi, des trois moments de l'amour, le dernier, celui de la volonté aimante qui assure le salut de l'individu par la génération, est le plus essentiel. Les trois moments sont nécessaires à la perfection de l'amour, mais l'absence du premier moment, celui de la sensibilité, comme dans le cas d'un rapport biologique entre le générateur et l'enfant, cette absence est à peine signe d'imperfection. Si d'ailleurs une telle absence est, de part et d'autre, voulue, et le rapport physique refusé, comme risquant d'apporter, au lieu d'un enrichissement, un affadissement de l'amour, c'est, plutôt que la présence des émotions sensibles et sensorielles, leur absence qui contribue à la perfection de l'amour. Auquel cas, le premier moment, quoique réciproquement accepté sans aucune sorte de restriction mentale, est comme intériorisé, et, dans la pratique, réduit à une effectuation symbolique — quelque chose (mais sans aller au-delà de l'analogie) comme le geste de Socrate caressant les cheveux de Phédon.

Si l'on considère le tout-venant des humains, il en est beaucoup pour qui l'amour se consomme dans le plaisir que l'on prend l'un à l'autre. Mais qu'en est-il du fond ? Est-il autre chose que tristesse et désespoir ? L'amour vrai ne s'arrête pas à la beauté des corps, non, certes, que l'amour dédaigne la beauté, mais ce qu'il entend est s'il y a consonance entre la beauté que chacun peut voir et une autre, la beauté de l'âme et de l'esprit, qui ne se révèle que peu à peu, à l'interprétation des paroles et des actes. L'amour passionnel que le charme, la séduction provoquent lorsque existe très fort le besoin d'aimer, cet amour, qui échappe au contrôle, est une perte de soi et un échec. À le supposer même « heureux », que peut-il faire que se résoudre en moments plus ou moins extatiques mais sans lendemain ? Vivre n'est pas se borner à passer le temps, fût-il bon, c'est s'accomplir, devenir ce que l'on est en virtualité, en promesse, c'est œuvrer, travailler, créer. La passion amoureuse nous enlève le temps de notre vie, nous enlève la vie et nous donne en échange un délire.

L'amour vrai est, au contraire, la meilleure chose qui puisse advenir à un être humain. Quoi de meilleur, en effet, que ce qui nous sauve de la mort ? Or, il suffit d'aimer celui qui vient après, non d'un amour fantastique mais d'un amour de raison, pour revivre en lui de la vie même que l'on a voulue pour soi — et, pour un philosophe, ce sera une vie philosophique. Certes, il vient à l'esprit que, de ceux qui s'aiment, le vieux seulement est sauvé de la mort par le plus jeune, et non réciproquement — du moins si l'on fait abstraction de l'effet de gloire, car la gloire d'Épicure a sauvé Métrodore de la mort et de l'oubli, et le nom de Marie Le Jars de Gournay serait-il venu à la postérité si elle n'avait été la fille d'alliance de Montaigne? Abstraction légitime puisque, de la gloire et de la renommée posthume, on ne peut être d'avance assuré. Reste que, de ceux qui s'aiment, est sauvé de la mort celui qui vient avant, non celui qui vient après — du moins aussi longtemps qu'il n'est pas, à son tour, celui qui vient avant. Car une telle inégalité est inscrite dans la nature des choses. L'un est devant la mort : il a été. L'autre est devant la vie : il a à être. L'amour permet à celui qui a vécu de mourir en paix. Il donne à celui qui a à vivre la force de travailler, de créer, et de laisser une œuvre qui, peut-être, le sauvera de la mort.

Ce qui se trouve ici dépeint est l'amour accompli, lequel est un engagement de la personne qui est *elle-même* en autrui. La sensibilité, le sentiment lui donnent sa tonalité émotive ; la transparence du dialogue, où chacun se dit et se connaît en l'autre *sub specie veritatis*, en fait un amour intellectuel ; enfin la décision, par laquelle chacun joue son être même dans cet amour, en fait un amour voulu et irrévocable. Un tel amour, qui lie deux êtres en ce qu'ils ont de plus essentiel, qui les unit à la source même de leur intérêt pour la vie, de par son infinité (entendant par « infini » ce qui n'a pas d'extérieur), est nécessairement exclusif. Cela ne signifie pas une moindre ouverture au monde et aux autres, car, à partir du bonheur de fond que donne l'amour philosophique, tous les aspects de la vie deviennent riants. L'effet immédiat de cet amour est la résolution — la résolution de ceux qui, en tout état de cause, se savent vainqueurs.

1996.

2

L'obligation morale[1]

Je m'interroge ici non sur le fondement, c'est-à-dire la justification de la morale, mais sur l'origine de l'obligation morale : d'où vient que je me sente obligé de faire cela même qui contrarie mon penchant naturel à vivre pour moi, et va à l'encontre de mon désir de composer les occupations de mes journées selon mon goût ou mon plaisir ? Cette question procède d'un étonnement. Depuis quelques années, je suis assujetti à vivre constamment auprès de mon épouse malade (Kierkegaard parle de sa fiancée : pourquoi pas moi de mon épouse ? le philosophe devrait-il faire semblant d'être sans famille ?), afin de lui rendre maint service pour l'aider à se mouvoir et à se soigner. « Je suis assujetti », ou plutôt : « je me suis assujetti » et « je m'assujettis », car je pourrais accepter qu'elle soit dans une quelconque maison de retraite ou de « long séjour » pour personnes malades ou âgées. Mais, acceptant cela, je me sentirais en faute : je me sens obligé de faire en sorte qu'elle soit du mieux possible entourée et aidée.

---

1. Conférence donnée à Sion sous les auspices de la Société valaisanne de philosophie.

Pourtant maints désirs et projets que j'aurais en sont contrariés. D'où vient donc ce sentiment d'obligation, si fort qu'il terrasse même les penchants personnels et égoïstes?

On dira que j'aime ma femme, ou que son état de faiblesse, de dépendance, d'impuissance, m'inspire de la compassion. Je ne conteste ni l'un ni l'autre, et j'avoue que, dans cet exemple de dévouement, il est difficile d'isoler le sentiment d'obligation des sentiments connexes d'amour et de pitié, même si le sentiment d'obligation est constant parce que lié à des obligations et des nécessités objectivement définies, tandis que l'amour et la pitié sont fluctuants et variables. Mais considérons le cas suivant. Un enfant s'engage, en dehors des passages cloutés, pour traverser la rue. Un véhicule, qu'il ne voit ni n'entend, menace de l'écraser. On se précipite pour le secourir. Que l'on éprouve terreur, amour ou pitié, ne fait rien à l'affaire. L'obligation est là. Un enfant sur la plage risque de se noyer. Qui niera que tous ceux qui ont le pouvoir de faire quelque chose ont à se sentir obligés? Mais supposons que je voie la scène de la fenêtre de ma villa en bord de mer — car j'aime suivre à la jumelle le mouvement des bateaux. Il n'y a personne en vue sur la plage. Je dirai néanmoins: *il faut* faire quelque chose. Je courrai peut-être au téléphone pour alerter les pompiers. L'obligation existe en soi. C'est pourquoi l'on a reproché à Dieu, qui voyait bien ce qui se passait à Auschwitz, de ne rien faire. Car il y avait obligation de faire quelque chose.

L'obligation de faire est indépendante de l'amour et de la pitié; l'amour et la pitié sont indépendants de l'obligation de faire. Les Stoïciens ont bien vu cela, pour qui le sage n'a pas à s'inquiéter pour ses frères, à éprouver pour eux l'affection ou la pitié qui mettent le trouble dans l'âme, mais seulement à les servir. Un malade demande qu'on lui donne son médicament. Le lui donner (selon les prescriptions du médecin) s'impose absolument. Il s'agit d'une obligation inconditionnelle, qui ne s'accompagne nécessairement ni d'amour ni de pitié. L'on peut se comporter en parfait infirmier, et le parfait infirmier fait ce qu'il doit au moment où il le doit sans être mû à tout instant par la pitié ou l'amour. D'un autre côté, la pitié n'entraîne pas nécessairement un sentiment d'obligation. Je vois à la télévision le visage d'une maman russe devant le corps de son fils tué lors d'une opération contre les Tchétchènes. Je ressens une profonde pitié alors que la notion d'obligation est sans objet puisqu'il n'y a rien à faire pour faire revivre son fils, et que, de toute façon, n'ayant aucun rapport possible avec la personne qui souffre, je ne suis obligé à rien. Dans le cas même où il y a obligation, la pitié ne donne aucune indication quant à ce que l'obligation peut être. L'on éprouve une pitié immense pour l'enfant à qui il va falloir apprendre que son père est mort, qu'il ne le reverra plus. Mais comment lui apprendre l'horrible nouvelle ? La pitié ne donne aucune indication, et donc est complètement dissociée de la conscience d'une obligation déterminée. Concluons que l'affection, l'amour, la pitié, d'une part, l'obligation et le sentiment d'obligation, d'autre part, sont choses disjointes.

Les Stoïciens ont raison de penser que l'on peut faire ce à quoi l'on s'estime obligé en toute indifférence affective et même sans désir. Je donne à mon épouse malade les médicaments prescrits en souhaitant et espérant qu'ils l'aideront sinon à guérir, du moins à mieux vivre sa maladie. Mais même si je n'avais pas le

désir qu'elle vive, il me semble que je n'en accompli-
rais pas moins, tout au long du jour, les mêmes actes
de dévouement. Ce qui est dû est dû. Toutefois, il ne
convient pas de suivre les Stoïciens dans leur condam-
nation des émotions altruistes, parce que douloureuses.
Si mon ami, lorsque je souffre, est réellement peiné,
ou si seulement il fait semblant de l'être pour m'apporter une aide morale, cela fait une grande différence.
La pitié, l'amour, le désir du bien ont de la valeur : ils
valent mieux que l'indifférence. Mais ils n'ont pas de
valeur fondatrice : ce n'est pas parce qu'il y a la pitié,
l'amour ou le désir du bien, qu'il y a la morale. Et la
morale subsisterait sans eux. Car l'obligation resterait
ce qu'elle est.

La question est alors : d'où vient l'obligation ? et le
sentiment d'obligation ? On peut estimer que l'amour,
la pitié sont des sentiments naturels. Ne pourrait-on rat-
tacher le sentiment d'obligation au penchant altruiste,
aussi primitif que l'égoïsme, puisqu'on peut, avec les
Stoïciens, le reconnaître déjà chez l'animal, où l'on
voit la mère se sacrifier pour son petit ? Mais, en ce cas,
il n'y aurait pas « obligation », car on n'a pas à s'obliger, du moins en régime normal, à ce qui est naturel.
Si l'on a sommeil, on n'a pas à s'obliger à dormir, ni
si l'on a faim à manger, et ainsi de suite. Dès lors qu'il
y a obligation, quelque chose de tout autre s'ajoute à
la nature, et qui est la liberté. Ce n'est pas parce que je
me sens obligé de faire ceci ou cela que je vais le faire,
ni parce que je ressens l'obligation de ne pas faire ce
qui me tente que je ne vais pas le faire. L'obligation
n'entraîne pas l'acte d'elle-même et sans que j'aie à le
vouloir. Pour que ce à quoi je me sens obligé s'accom-
plisse, il faut que ma volonté consente à l'obligation.

L'obligation ne se décide pas, mais ce qui doit être peut toujours être refusé. C'est pourquoi la faute morale existe. Si l'obligation était purement naturelle, la faute morale n'existerait pas, car l'on ne peut rien reprocher à la nature. Ainsi la notion de « nature » ne suffit pas à rendre compte de l'origine de l'obligation.

L'obligation viendrait-elle de la société, exprimant la « pression » de la société sur l'individu ? Mais il s'agit ici de l'obligation morale, à distinguer des obligations sociales. Bergson les confond. Le chapitre premier des *Deux sources de la morale et de la religion* s'intitule bien « L'obligation morale », mais l'obligation « morale » n'est présente que dans le titre. Elle se réduit en fait à l'obligation sociale. Or, des obligations qui nous viennent de la société, telles que : marquer du respect à l'égard des supérieurs, suivre les usages, par exemple répondre à une lettre, remercier pour un service rendu, adresser des félicitations à l'occasion d'un événement heureux, faire des cadeaux dans des occasions définies, aller aux obsèques d'un proche, d'un voisin, exprimer des condoléances, saluer, tendre la main ou autres marques de politesse, répondre quand on vous parle, à table participer à la conversation, ne pas exprimer en public des opinions choquantes, etc., ces obligations, qui varient selon les sociétés et dont la coutume décide, sont tout autres que celles-ci : voler au secours d'un enfant, prendre soin d'une personne à charge, accueillir un étranger en situation de détresse. Voici un exemple de comportement purement moral[1]. Cela se passe à Orléans en décembre 1870. Les Prussiens enva-

---

1. D'après le *Journal* de François Tronchon, professeur à l'École normale primaire d'Orléans, p. 400-401 du manuscrit.

hissent la ville. Des soldats ennemis frappent à la porte d'une femme française et lui confient un de leurs blessés. Elle ôte les vêtements du blessé, mais, en ouvrant la tunique, elle voit une chaîne de montre fixée à l'une des boutonnières. Elle la retire, mais, à peine a-t-elle aperçu la montre, qu'elle tombe évanouie, frappée d'horreur et de désespoir. Elle a reconnu un souvenir qu'elle avait donné à son fils, lequel se battait parmi les francs-tireurs et dont elle n'avait pas de nouvelles. Elle donnait des soins au meurtrier de son enfant. Revenue à elle, elle éclate en sanglots, mais pourtant finit courageusement le pansement commencé, avant de prendre des dispositions pour qu'une autre personne vienne au chevet du blessé ; Il est bien évident que si cette femme a achevé le pansement commencé, ce n'est pas en vertu d'une quelconque obligation sociale, mais en vertu d'une exigence d'un autre ordre. L'obligation morale et l'obligation sociale peuvent d'ailleurs être en conflit. C'est ainsi que l'obligation, pour un médecin hospitalier, de pratiquer un avortement conformément à la loi peut se heurter à l'objection de conscience.

Pour aller plus loin et tenter de répondre à la question de la source de l'obligation morale, il convient d'abord de cerner son domaine, de préciser son extension, car, jusqu'à présent, nous n'avons donné que des exemples. Or, il est clair que l'obligation, pour autant qu'elle est *mon* obligation, est plus ou moins stricte. Il convient de distinguer entre l'obligation propre et singulière et l'obligation commune. Je me sens obligé, d'une manière impérieuse et inconditionnelle, de venir en aide à mon épouse dans toutes les activités de la vie qui lui sont pénibles ou difficiles, cela en vertu de ma situation singulière auprès d'elle, que je suis seul à occuper, qui n'est celle d'aucun autre être humain. L'obligation est ici stricte et personnalisée. Il y a, d'autre part, une obligation générale et commune de venir en aide aux nécessiteux : de là les organisations caritatives, les programmes sociaux. Mais y a-t-il, si j'en ai les moyens, obligation pour moi de donner au Secours catholique ? Non : je puis donner au Secours populaire français ou à la Fondation de France ou à quelque autre association. Ici, l'obligation est comme diluée. Chacun reconnaîtra qu'il y a obligation d'aider les nécessiteux, mais, en même temps, beaucoup s'en exempteront puisque l'obligation est ici l'obligation de tous sans être précisément celle de chacun. L'obligation d'aider la personne qui dépend immédiatement de moi est inconditionnelle. Pour chacun il y a ainsi une parcelle irréductible d'obligation qui concerne, pour l'un une mère, pour l'autre un enfant, des enfants, des petits-enfants, ou un frère, ou un ami, ou un voisin, etc. Au-delà de ma parcelle stricte et singulière d'obligation s'étend le domaine de l'obligation souple : en tant qu'être humain ayant des moyens que d'autres n'ont pas, je dois aider mes frères en humanité, mais lesquels ? comment ? cela est laissé à mon appréciation, et ce caractère indéterminé de l'obligation permet toutes les échappatoires. Il y a une obligation, pour l'humanité dans son ensemble, d'aider tous ceux qui, dans cette même humanité, ont besoin d'aide. Tel est le tout de l'obligation. Or, le total — au niveau de l'humanité — des parcelles singulières d'obligation est inégal — et fort inégal — au tout de l'obligation ; car le dévouement de tous ceux qui leur sont proches ne suffit pas à satisfaire aux besoins de tous les nécessiteux. De là, disions-nous, au-delà de l'obligation stricte, l'obligation souple et mal déterminée. Dans cet espace s'insèrent les actions caritatives et de solidarité de tous ordres, qu'elles soient d'inspiration religieuse ou laïque, politique ou non politique. Mais l'effort que fait l'humanité dans son ensemble pour tous ceux qui, dans son sein, ont besoin d'aide est encore bien insuffisant : qu'il s'agisse des victimes des épidémies, des guerres, de la malnutrition endémique, des catastrophes naturelles, ou, tout simplement, du chômage, innombrables sont celles et ceux qui ont besoin de secours. L'humanité dans son ensemble ressent l'obligation d'aider les siens, mais l'effort d'entraide dont elle est capable est loin de satisfaire au tout de l'obligation.

Qui doit aider? Qui est en droit d'être aidé? Nous dirons, avec l'auteur de l'*Iliade* : d'un côté les forts, de l'autre les faibles. Car ce n'est pas la souffrance qu'il faut mettre au premier plan, mais la faiblesse. Laissons de côté, parmi les aliénés, les idiots béats ou les excités maniaques pleins de joie, qui, malgré leur jubilation, n'en ont pas moins besoin des soins hospitaliers; laissons aussi de côté les vieillards réduits à une vie végétative et inconscients de leur décrépitude, ou les handicapés mentaux qui — apparemment — ne souffrent pas de leur déficit intellectuel. On nous dira en effet : que sait-on si ces aliénés, ces handicapés, ces vieillards ne souffrent pas? Laissons encore de côté le fait que nombre d'incapacités ne s'accompagnent pas de souffrances physiques, car on nous objectera la souffrance morale qu'il faudrait soulager. Reste, en tout état de cause, que les enfants (normaux) sont non des souffrants mais des faibles. Le petit enfant sourit, babille, gigote, manifestant son contentement de vivre. Or, « semblable, dit Lucrèce, au matelot que les flots furieux ont rejeté sur le rivage, il gît, tout nu, par terre, incapable de parler, dépourvu de tout ce qui aide à vivre, dès l'heure où le projetant sur les rives que baigne la lumière, la nature l'arrache avec effort du ventre de sa mère » (V, 222-225, trad. Ernout), et dès lors il ne pourrait vivre sans les soins maternels. Ainsi, d'un côté, les forts, ceux qui ont le pouvoir, les moyens d'aider les faibles ; de l'autre, les faibles : ceux qui sont privés de pouvoirs qu'ils n'ont plus, n'ont pas encore ou n'auront jamais. Tels sont les enfants, les vieillards, les malades, les handicapés, les SDF, les nécessiteux de toutes sortes, mais aussi les personnes déplacées, les prisonniers, qu'ils soient prisonniers de guerre, politiques ou même de droit commun (notamment si ce sont de jeunes délinquants), les victimes de catastrophes naturelles ou technologiques, les victimes des sectes, etc. Au reste, il convient de préciser que les « forts », contrairement à ceux de l'*Iliade*, ne sont pas tels par nature, ni, corrélativement, les faibles. Ou, du moins, la force par nature, entendant par là celle due à l'âge, à la constitution du corps, au niveau de l'intelligence, est loin d'être le tout de la force, car comptent aussi la force économique et sociale et les atouts extérieurs ; et, de plus, le fort peut être en situation de faiblesse : par exemple un homme en pleine santé, fortuné, intelligent, peut, accidenté, se trouver à la merci d'un chenapan. D'un autre côté, la faiblesse par nature, celle due à l'âge, à la chétivité du corps, à l'indigence intellectuelle, est loin d'être le tout de la faiblesse : compte souvent plus la faiblesse économique (« n'avoir pas le rond ») et sociale (servir chez les autres, avoir un patron) ; mais d'ailleurs le faible peut être en situation de force : ainsi le chenapan vis-à-vis de l'homme fortuné, qui, par suite d'un accident ou par quelque hasard, se trouve à sa merci. Dans un hôpital, les médecins, les infirmiers et infirmières sont en situation de force ; dans une famille, ce sont les parents ; dans une classe, c'est, ou du moins ce devrait être, le maître ; au tribunal, ce sont les juges et les jurés ; à l'examen, ce sont les examinateurs. Où l'on voit que ce n'est pas n'importe quelle sorte de faiblesse qui mérite d'être aidée. Le fort en mathématiques n'a pas, sous prétexte de « charité », à faire le problème du faible en cette matière ; en ce cas, en effet, il ne se comporterait pas d'une manière juste à l'égard des autres élèves ou candidats. Et le maître n'a pas non plus à être « généreux », ni le juge « indulgent » (car ce n'est pas au juge de pardonner), etc.

Cela nous amène à nous interroger sur l'essence de la faiblesse, pour autant qu'elle est source d'obligation à son égard. Quelle sorte de faiblesse est le sujet de l'obligation morale ? Si les enfants ne bénéficiaient pas des soins parentaux (qu'ils leur soient donnés ou non par leurs propres parents), si les vieillards qui n'ont plus leur autonomie étaient abandonnés à leur sort, si les malades n'étaient pas soignés et si les handicapés étaient délaissés, si ceux qui ont faim n'étaient pas nourris et si ceux qui ont froid n'étaient pas chauffés, qu'adviendrait-il ? Les enfants, les vieillards, les malades, les miséreux et tous autres du même ordre, ou mourraient, ou, en tout cas, seraient exposés à mourir plus vite. Et, en effet, que voyons-nous dans les contrées où règnent la misère et la pénurie ? La mortalité y est beaucoup plus grande que dans nos pays. Il est superflu d'invoquer ici les statistiques sur la mortalité dans certains pays d'Afrique ou d'Asie. Lucrèce notait déjà que les pauvres sont plus exposés à la maladie et à la famine, donc à la mort. À propos du travail dans les mines d'or de Scaptensula (en Thrace), il s'exclame : « Ne sais-tu pas combien les mineurs meurent vite, combien est précaire l'existence de ceux que la dure contrainte de la nécessité attache à pareille besogne ? » (VI, 812-815.) Lorsqu'il décrit les effets de la peste, il note, comme déjà Thucydide, que la maladie fait davantage de ravages parmi les pauvres (VI, 1255). D'un autre côté, les passions sociales, telles que l'amour des richesses, le désir d'autorité et de puissance sociales (l'ambition), procèdent, selon Lucrèce, de la crainte d'être économiquement et socialement trop faible ; procèdent donc du besoin de sécurité et de la crainte de la mort. Les faibles, qu'il s'agisse de la chétivité de leur corps, de leur intelligence ou de leur patrimoine, ont plus de chances de donner prise à la mort, outre que, dans les luttes civiles comme dans les guerres étrangères, ils ont plus de chances d'être des victimes. Certes, les forts meurent aussi, mais l'essence de la faiblesse est d'offrir une moindre résistance au pouvoir universel de la mort. Dès lors, l'acte auquel oblige l'obligation morale, l'acte moral, consiste essentiellement à éloigner la mort.

Or, pourquoi s'y sent-on obligé ? Tel est, maintenant, le problème. Il convient d'observer d'abord que les différences de valeur entre les vies n'interviennent pas. S'il s'agit de secourir un blessé au bord de la route, on ne s'enquiert pas s'il mérite ou non d'être secouru, compte tenu de ses capacités intellectuelles ou de son rôle dans la société. Le vieillard grabataire est soigné alors qu'il n'a plus d'utilité sociale, est un poids pour la société, une charge pour sa famille, un embarras pour ses proches. Mais il est vivant, et, à moins qu'il n'en décide autrement, cette vie au ralenti, à la limite quasi végétative, est tenue pour égale à une autre vie. Comme

sujet de l'obligation morale, l'enfant qui naît est simplement un enfant qui vit : il est sans qualités, et le fils
de manant mérite autant que le fils de roi d'être nourri,
vêtu, protégé, soigné. Qu'ont en commun les enfants
anormaux, les handicapés profonds, les malades incurables et coûteux, les vieillards qui retombent en
enfance ? Ils ne peuvent ni créer ni produire : quant aux
performances, ils sont de nulle valeur. Mais ils vivent.
Quant à l'enfant qui vient de naître, alors qu'il n'est
pas encore récupéré par une collectivité définie, c'est
un être humain quelconque. Se sentir obligé de le laisser vivre en tant qu'être humain, telle est l'obligation
morale. Elle repose, en dernière analyse, sur le choix
de la vie comme préférable à la mort.

La finalité de l'obligation morale paraît être : laisser
vivre, aider à vivre, maintenir en vie, bref faire, autant
que possible, obstacle à la mort. On objectera que la
faute morale a une extension plus large. En quoi peut-
on dire que dérober le bien d'autrui, injurier, calomnier,
tromper, porter un faux témoignage, ce soit augmenter
le pouvoir de la mort ? Mais il est clair que le vol, par la
privation de biens, réduit la marge de sécurité de la victime face à la mort. La calomnie, qui détériore, abîme
l'image d'autrui, peut lui faire une vie insupportable,
et que, parfois, il ne supporte pas. Tout ce qui touche
à l'honneur peut être cause de drame. Le mensonge,
n'en déplaise à Kant, est souvent innocent (« Monsieur
est sorti ») ; s'il est de conséquence, c'est qu'il met
le naïf ou la dupe en situation de moindre résistance
économique ou sociale, voire en situation de péril. Il
convient de ne pas oublier les effets de l'injustice ou de
la haine, lors même que les conséquences matérielles
en seraient minces : le sentiment d'avoir subi une injus-

tice, comme aussi des propos injurieux, des paroles blessantes peuvent augmenter, dans une âme sensible, le pouvoir de la mort. Devant l'absence de scrupule, la bassesse, la méchanceté, peut naître une certaine lassitude, un certain dégoût de l'humanité, du monde et de la vie. Alors la volonté de vivre est atteinte. En ce cas, si la faute morale est du côté de la mort, c'est par le fait de lasser ou de briser l'envie de vivre. Car on ne vit pas seul, et l'on ne peut vivre longtemps si l'air est irrespirable.

Mais si l'obligation morale repose sur le choix de la vie, de telle sorte que la faute morale revienne à prendre le parti de la mort, il en résulte deux conséquences, que certains voudront retourner à titre d'objections, mais que, semble-t-il, il convient logiquement d'assumer. D'abord, de quel droit — moral — punir de mort ? Et même, tout simplement, de quel droit punir ? On se sent obligé, disions-nous, de respecter toute vie comme telle, indépendamment de sa valeur sociale, personnelle ou autre. On ne dit pas au blessé sur le bord de la route : je viens à votre secours si vous le méritez. Or, ce blessé peut être un criminel. On va le secourir. Il comparaîtra ensuite devant un tribunal. Supposons-le condamné à mort. Si agir moralement, c'est prendre le parti de la vie, il semble que l'on ne puisse se sentir moralement obligé de condamner quelqu'un à mort. Le droit pénal n'est pas un droit moral. En France, on ne condamne plus à mort ; mais les autres peines, et notamment l'emprisonnement, sont des réductions, des formes atténuées de la peine de mort. Car il s'agit toujours d'empêcher de vivre. Le prisonnier, certes, est privé de la liberté, non de la vie. Mais la forme de la vie, chez l'être humain, est d'être vie libre. Une vie non libre n'est plus une vie. Le prisonnier est nourri, soigné : on le maintient en vie pour l'empêcher de vivre. Sa vie est une pseudo-vie. C'est pourquoi il souhaite la liberté ; car la vie, pour l'être humain, ne vaut que libre. L'obligation morale est obligation de laisser en vie, d'aider à la vie, mais non en la réduisant, la contraignant, la mutilant. Il semble donc que l'on n'ait jamais à se sentir moralement obligé de punir. Le coupable a cédé un moment au vertige de la mort : le mauvais garçon s'empare du sac d'une vieille dame ; un degré de plus et il frappe ; un degré de plus et il tue. Toute faute morale est un premier pas sur le chemin de la mort. Donner la mort est à l'horizon de la faute. Tout homme est, virtuellement, un meurtrier, comme la guerre le prouve. Mais, comme le dit Platon, « les bons sont ceux qui rêvent ce que les méchants font ». Concluons que le droit de punir est un droit social, qui vaut ce qu'il vaut, non un droit moral. Ce à quoi l'on doit — moralement — se sentir obligé, c'est d'aider le coupable à combattre en lui les pulsions de mort, c'est d'essayer de réveiller en lui la confiance en la vie et les forces de vie.

J'ai parlé de deux conséquences. Voici la seconde. Le mot « vie » revient tout au long de mon propos. Cependant, dans les exemples que j'ai donnés, il n'a été question que de vies humaines. Or, l'homme n'est pas le seul vivant. Les animaux vivent. N'y a-t-il pas une obligation de respecter en eux la vie ? Pourquoi la défense des espèces animales menacées serait-elle réservée aux « âmes sensibles » ? Si toutefois l'on parle de devoirs envers les animaux, on se heurte à l'objection qu'il est difficile de parler raisonnablement de « devoirs » envers les criquets et les moustiques. Soit ! Mais la distinction sur laquelle j'ai fait fond, celle des forts et des faibles, entendant par « forts » ceux qui sont en mesure de secourir, par « faibles » ceux qui ont besoin de secours, permet de délimiter de manière nette l'extension des devoirs envers les animaux. L'enfant est le faible par excellence, disions-nous. Mais la vache que l'on mène au pré, les poules de la basse-cour, le toutou que l'on retient prisonnier la plupart du temps ne sont-ils pas plus faibles encore ? L'homme a subjugué une grande partie du monde animal. Combien faibles et naïfs devant la ruse de l'homme paraissent les hôtes du ciel ou de la mer, ceux des champs, des savanes ou des forêts. Car :

Les oiseaux étourdis, il les enserre et il les prend, tout comme le gibier des champs et les poissons peuplant les mers, dans les mailles de ses filets, l'homme à l'esprit ingénieux. Par ses engins il se rend maître de l'animal sauvage qui va courant les monts, et, le moment venu, il mettra sous le joug et le cheval à l'épaisse crinière et l'infatigable taureau des montagnes.

Ainsi parle le chœur de l'*Antigone* de Sophocle[1]. Cette faiblesse de l'animalité terrassée par l'ingéniosité humaine se voit à la peur que l'homme inspire. Les animaux qui ont encore en eux le ressort de la vie libre fuient devant l'homme. De par sa force même, l'homme a donc une obligation à l'égard de la faiblesse animale. Il doit se sentir obligé de se comporter en protecteur des animaux dans la mesure de leur faiblesse. On ne dira pas que criquets et moustiques sont faibles. Mais

---

1. Trad. Paul Mazon.

tels sont tous les animaux que l'homme chasse, sacri-
fie ou torture pour son plaisir ou son profit. L'image
du gavage des oies m'a dégoûté à jamais du foie gras,
et tel qui chasse pour son plaisir ne pourrait être mon
ami.

Les devoirs envers les animaux, comme le refus du
prétendu droit moral de punir, sont des conséquences
du choix primordial de la vie et s'inscrivent donc dans
le cadre de l'obligation morale. Dès lors que la sphère
de l'obligation s'étend à toute l'humanité et même au-
delà, puisqu'elle englobe un certain nombre d'espèces
animales, on est, semble-t-il, au plus près de la source
radicale de l'obligation morale si l'on dit qu'elle s'enra-
cine dans le refus universel de la mort. Certes, l'égoïsme
aussi repose sur le choix de la vie, le refus de la mort,
mais il s'agit seulement de *ma* vie et de *ma* mort. Dans
l'action morale, le choix de la vie se fait aux dépens
de mon intérêt propre, de mon choix de vie. Une personne qui prend soin d'un proche nuit et jour pendant
des années renonce à ses plaisirs, compromet sa santé,
nuit à son travail et à ses amitiés. Un automobiliste qui
s'arrête pour porter secours à un accidenté perd parfois
un temps précieux. Hamelin, se jetant à l'eau pour sauver un baigneur en péril, se noie. Son œuvre à venir, en
un instant, est sacrifiée. Pourquoi, aux dépens parfois
de sa propre vie, choisir de porter secours à une autre
vie ? D'un côté, ma vie ; je me sens fort : lointaine est
la mort. D'un autre côté, une vie menacée. Alors je me
porte du côté où il y a urgence, où la vie a besoin qu'on
lui prête main-forte contre la mort. Telle est l'action
morale.

Pourquoi ne pas en rester à l'égoïsme — j'entends
à l'égoïsme du quant-à-soi, de la jouissance, du « tout

pour moi, rien pour les autres » ? Car il y a un égoïsme noble, celui du créateur qui vit non pour soi mais pour son œuvre : cet égoïsme, si l'on peut encore employer ce mot, je le laisse ici de côté. L'égoïste banal vit pour soi, j'entends seulement pour soi, à la fois comme s'il n'y avait pas d'autres vies et comme si la vie s'arrêtait à sa vie. Il y a le vivant que je suis, auquel il appartient de vivre parmi des vivants et non parmi des morts. L'égoïste vit parmi les vivants comme parmi des morts. Mais nous ne sommes pas comme des atomes dans le vide d'Épicure. Nous vivons ensemble. L'égoïsme est rupture de ce lien, de cette solidarité métaphysique de tous ceux qui vivent. Je dis aussi que l'égoïste vit comme si la vie s'arrêtait à sa vie. Or, il est de l'essence de la vie de n'être pas quelque chose que l'on retient, que l'on garde, mais que l'on donne, que l'on transmet. L'égoïste ne veut pas s'embarrasser d'autres vies ; il ne veut pas d'enfants. Schopenhauer n'a voulu ni femme ni enfants car il eût dû, dit-il, partager son revenu ; il s'est contenté d'un chien.

Chacun de nous a été enfant, a d'abord été faible, très faible, à la merci des autres. J'ai coûté en argent, en temps, en fatigue, en ennui, en tracas, ne donnant souvent en échange que des larmes ou des soucis. On aurait pu me tuer à ma naissance, ou même avant ma naissance, mais on ne m'a pas laissé mourir. On s'est senti obligé de faire le nécessaire pour que je vive. Certes, l'amour et la compassion qu'inspire l'enfant sont des adjuvants très forts du sentiment d'être obligé. Mais ils n'en sont pas le fondement. Sinon l'absence d'amour et de pitié excuserait l'abandon d'enfant. L'obligation vaut en soi, indépendamment de ce que l'on peut ressentir. Je vis parce que, enfant qui allait naître ou qui venait de naître, on ne m'a pas tué ou on ne m'a pas laissé mourir. Un sentiment d'obligation a existé en vertu duquel j'ai vécu. En m'obligeant à mon tour, je ne fais que rester fidèle à cela même, l'obligation, à quoi je dois mon être. Il y a une dette initiale de tout homme envers ceux qui, enfant, l'ont nourri, préservé, soigné, etc. Lorsque je me complique la vie par le fait de nourrir, protéger, soigner ou mes enfants ou d'autres enfants ou d'autres personnes, je ne fais que rendre ce que j'ai reçu. L'égoïste est celui qui, ayant reçu, ne veut pas donner à son tour, qui ne veut pas payer sa dette. Quelle est l'origine de l'obligation morale ? D'où vient que l'on se sente obligé ? Telle était la question. La réponse ne serait-elle pas celle-ci : je me sens obligé parce que j'ai conscience de devoir mon être *même* à l'obligation. Il a fallu que mes parents, ou les personnes qui ont joué le rôle des parents, se sentent obligés de travailler pour moi, de se lever la nuit pour moi, de me faire boire et manger, bref de me donner tous les soins que requiert l'état de dépendance où se trouve l'enfant. Si maintenant je me sens obligé, contrariant mes désirs, de venir en aide à autrui pour autant qu'il se trouve, par rapport à moi, dans un état de faiblesse, n'est-ce pas parce que j'ai été, enfant, cet autrui que l'on a aidé ?

Il me faut avouer, maintenant, que cette réponse ne me satisfait pas. Certes, je reconnais, en y réfléchissant, cette dette que j'ai envers ceux qui m'ont élevé, mais, précisément, il me faut réfléchir. Dans ma jeunesse et plus tard, je n'avais guère conscience de cette dette et pourtant, bien souvent, je me suis senti très fortement obligé de rendre service à autrui. De plus, lorsque je vois, par exemple, que je dois donner son médicament à un malade, j'ai le sentiment d'une obligation inconditionnelle, qui resterait la même que j'aie ou non une dette, qui n'est nullement subordonnée à la condition d'avoir une dette à régler. Et puis, à supposer que l'explication envisagée rende compte de nos devoirs envers les enfants et les jeunes en général, parce que. les élever, les éduquer est le moyen d'assurer l'avenir et la perpétuation de la vie puisqu'ils sont les adultes de demain, comment expliquer l'extension de l'obligation à tous ceux dont l'existence est désormais sans avenir et sans issue : handicapés profonds, malades incurables, vieillards qui achèvent leur déclin ? Toute l'activité dépensée au bénéfice de ces existences négatives ne l'est-elle pas au détriment des jeunes, riches en promesses d'avenir ? Et pourtant, un tel calcul ne vaut pas : inconditionnel est le respect que l'on doit à ces êtres humains frappés par la déchéance, la malchance, le malheur ou la fatalité, si diminués soient-ils par rapport à ce qu'ils ont été, auraient pu ou auraient dû être. D'où vient une telle obligation de leur venir en aide, si forte et si étendue, concernant tous les humains en situation favorable à l'égard de tous les humains en situation de péril ?

Arrivés en ce point, je crois qu'il est nécessaire de prendre un nouveau départ. Deux remarques nous y aideront. D'abord les devoirs d'aide, d'assistance, qui nous semblent aujourd'hui si absolus, n'eussent pas semblé tels à d'autres époques. Je rappellerai que la coutume de tuer ou d'abandonner ses vieux parents a été classique dans diverses tribus ou peuplades ou même nations. Comme aussi celle de tuer ou d'abandonner les malades. L'infanticide a été souvent autorisé, voire enjoint par la coutume. Et les sacrifices humains, le cannibalisme ont existé. Pascal l'a dit, à la suite de Montaigne et avant les sociologues : « Le larcin, l'inceste, le meurtre des enfants et des pères, tout a eu sa place entre les actions vertueuses » (fr. 294 Brunschvicg). Autrement dit, les idées sur l'obligation morale et nos obligations, que je présente et que je vis comme absolues, sont les idées de notre époque. Et puis ? Que résulte-t-il de cette relativité ? La proposition que la somme des angles d'un triangle est égale à deux droits est-elle moins valide parce qu'on l'a ignorée avant Pythagore ? Est-il moins vrai qu'il faille toujours laisser vivre et aider à vivre l'enfant qui naît, parce que jadis et ailleurs on a cru le contraire ? La relativité à la culture de notre époque ne signifie pas le relativisme culturel qui mettrait toutes les cultures sur le même plan, comme si une culture où sont reconnus les droits universels de l'homme ne valait pas mieux qu'une autre. Simplement ce qui, à d'autres époques, n'a pas été vu et ne pouvait l'être est devenu visible aujourd'hui.

La seconde remarque a trait à la place de la morale entre des activités de finalité comparable. L'action morale vise à aider les faibles à survivre et à vivre. Or, quelle est la finalité de la médecine que de guérir, ou, en tout cas, d'aider à supporter la maladie et de retarder la mort ? Et de la grande politique que de faire que les peuples vivent en paix, à l'abri de la destruction, de la guerre et de la mort violente ? Quelle est même la finalité de l'éducation, que d'aider l'individu à combattre en lui les pulsions de mort, que d'accroître le trésor d'énergie que chacun porte en soi, de fortifier sa confiance et son amour de la vie ? Des psychologues, des psychiatres apportent une aide morale aux victimes d'attentats, tout comme peuvent le faire un proche ou un ami. Ainsi l'action morale n'a pas de contenu propre.

Mais les hommes politiques ont en vue le bien général, ou le bien des individus sur un plan général. Les médecins, les psychologues, les éducateurs mettent en œuvre des vertus professionnelles ; ils font leur métier. Ou du moins même si, par leur dévouement, ils font plus que leur métier, ils font d'abord leur métier. Ce qui distingue l'action morale est qu'en termes de valeurs sociales, elle est purement gratuite. L'individu s'oblige lui-même ; il n'est pas obligé du dehors. Il cède à une nécessité purement intérieure, et cela parce qu'il est, individu, devant une détresse individuelle. J'apprends que deux r-m-istes viennent de se donner la mort. Une main a fait défaut ; une parole a fait défaut. Si ce jeune homme et cette jeune femme ont choisi la mort, ce n'est pas parce que le RMI était économiquement trop faible ; c'est parce que leur RMI moral — j'entends le minimum de chaleur humaine dont on a besoin — était plus faible encore.

La mort est omniprésente à notre époque. De là des stratégies de survie. La morale s'inscrit dans le cadre des stratégies de survie. Son lieu est le *no man's land* que les institutions, les organismes publics et privés, les associations caritatives laissent vacant. Là s'établit le lien d'individu à individu, de celui qui donne à celui qui reçoit, de celui qui apporte à celui qui attend. Pourquoi ce souci de l'autre, plus fort souvent que le souci de soi ? D'où vient cette force qui nous fait tenir bon pour autrui ? Pourquoi se sent-on obligé de mettre son pouvoir au service de ceux qui ne peuvent pas ? Tu ne peux pas t'aider toi-même : appuie-toi sur moi. D'où vient cela ? N'est-ce pas que ta faiblesse signifie une avancée vers la mort ? La mort gagne — que ce soit par la violence, ou la maladie, ou le dégoût à vivre ou le désespoir. L'égoïste entend faire face à la mort comme s'il était seul. L'obligation morale signifie que la mort nous concerne tous, qu'il faut faire front ensemble, car nous sommes vivants ensemble. L'égoïsme est un non-sens, car chacun n'a de sens que par les autres.

L'être de l'homme est un être-ensemble. Nous ne sommes pas l'un à côté de l'autre comme des petits pois dans une boîte. Comme le dit Heidegger, le *Dasein* — l'être de l'homme — est un *Mitsein*, un « être avec », plus précisément un *Miteinandersein* — un « être les uns avec les autres » — originaire. « "Les autres", cela ne veut pas dire : tout le reste des hommes en dehors de moi, dont le Moi se dissocierait — les autres sont bien plutôt ceux dont le plus souvent l'on *ne* se distingue *pas* soi-même, parmi lesquels l'on est soi-même aussi » (*Sein und Zeit*, p. 118, trad. Martineau). Je suis au monde comme y étant non pas seul mais avec d'autres qui y sont aussi, cela dans un rapport non pas frontal mais collatéral. Je suis au monde comme membre de l'équipe des hommes. Or, quel est le grand adversaire de l'équipe humaine ? La mort. Si je suis au monde en équipe avec les autres, c'est avec le souci qui est aussi le leur, le souci commun de la mort. Mais alors que nous sommes vivants ensemble, ce n'est pas ensemble que nous mourons : la mort nous frappe séparément, nous isole. De là, pour chacun, une angoisse structurelle liée à la possibilité permanente de *sa* mort, et au fait qu'à l'ultime moment l'on sera seul. La mort rompt le lien originaire à autrui. Elle crée la tentation de ne penser qu'à soi. C'est pourquoi le souci de l'autre prend un caractère forcé et se présente sous la forme de l'obligation.

« On mourra seul. Il faut donc faire comme si on était seul », dit Pascal (fr. 211 Br.). Où l'on voit que la religion égare. Dès lors que les humains peuvent faire leur salut séparément les uns des autres, le fils sans le père, l'époux sans l'épouse, la sœur sans le frère, l'ami sans l'ami, etc., le lien de solidarité ontologique, par lequel chacun peut dire à chacun : « Dans ce rapport qui est le nôtre, il y va de vous pour moi et de moi pour vous », ce lien se trouve rompu. Car l'être humain est relation. De ce point de vue, la notion d'« âme », usuelle dans la dogmatique des religions du salut comme dans les métaphysiques idéologiques, est absurde, comme impliquant une méconnaissance radicale de l'essence relationnelle de l'être humain. Car chacun de nous n'est aucunement un principe isolé ou isolable : il se définit par l'ensemble de ses relations avec les autres. La notion d'« âme immortelle », telle qu'on la trouve chez les théologiens et les philosophes spiritualistes, est un non-sens. La mort isole, car chacun est seul dans la mort, et nul ne peut mourir pour un autre. Les religions du salut individuel et les métaphysiques d'inspiration religieuse absolutisent cette mutuelle séparation des êtres ; elles entérinent l'opération de la mort.

Mais si la mort signifie la dissociation du *Mitsein*, la rupture de l'être-avec-les-autres, ce serait vouloir que l'on soit toujours comme déjà mort que d'admettre dès cette vie la mutuelle séparation des destinées : je t'ai rencontré, nous avons joué ensemble, mais mon âme n'est pas liée à ton âme, tu iras au paradis et moi non. Ainsi, nous serons séparés pour l'éternité. Tout cela parce que le salut est personnel, au heu d'être familial, par exemple, ou tribal, ou racial, ou syndical, que sais-je… Pascal se fâche parce que je ne m'intéresse pas au problème de l'immortalité de mon âme. Il voudrait que j'y pense sérieusement, fût-ce « par un principe d'inté-

rêt humain et par un intérêt d'amour-propre » (fr. 194
Br.). « Amour-propre » ! Mais le moi n'est-il pas « haïssable » (fr. 455 Br.) ? Nous nous sommes rencontrés.
Nous croyions vivre ensemble et que la mort seule pouvait nous séparer ; mais, en réalité, nous ne vivions pas
ensemble car nos âmes suivaient leurs voies, chacune
de son côté. Nous nous croyions unis, mais, comme ce
qui compte est ce qui se passe dans le for intérieur, où
l'un croyait en Dieu tandis que l'autre n'y croyait pas,
en réalité, unis en surface, nous étions, au fond, aussi
peu unis qu'il est possible.

Certes, la mort sépare, mais les religions et les métaphysiques théologiques aggravent à l'infini cette séparation et débouchent sur une absolue non-solution,
puisque je pourrai être au paradis et mon ami ne pas
y être. Ce qu'il faut reconnaître est que notre vie-
ensemble n'est pas simplement la surface des choses
humaines. Elle est bien l'essence et non l'accident.
Reste que, vivant ensemble, nous nous trouvons devant
le pouvoir isolant, esseulant de la mort. Comment faire
face à la mort, et, dans la mesure du possible, lui faire
échec ? C'est là l'œuvre non de chacun faisant de son
côté son « salut », mais de tous œuvrant ensemble.

Chacun meurt deux fois. D'abord quand il cesse
de vivre. Ensuite quand plus personne ne se souvient
de lui. L'oubli est cette seconde mort. Pour faire, ici,
échec à la mort, il suffit de laisser une trace. Cette trace
est l'œuvre. L'œuvre suppose l'activité créatrice. Mais
il n'y a aucune obligation morale de créer. Si l'éthique
est libre alors que la morale enveloppe la notion d'obligation, on dira que le choix de la création est un choix
éthique, non un choix moral.

Laissons de côté l'éthique. L'éthique de la création n'est d'ailleurs qu'une possibilité parmi d'autres. Revenons à la morale et à l'obligation morale. L'obligation est un rapport. On se sent obligé vis-à-vis de quelqu'un. Or, l'être de l'homme est relation, rapport à autrui. D'où vient que, dans certains cas, ce rapport ait un caractère forcé ? Car, si l'on se sent obligé, cela signifie que l'on s'oblige et que l'on prend sur soi. Pourquoi cet effort ? Va-t-on visiter un malade à l'hôpital ? L'ambiance hospitalière est pénible. On a hâte de quitter ces lieux. Car aller vers les malades, les vieillards, les nécessiteux de tous ordres, c'est aller au-devant des côtés négatifs de la vie, se rapprocher de la mort. L'obligation morale, ai-je dit, est obligation envers les faibles ; et les faibles sont les plus exposés à la mort. Aller vers eux, c'est aller en sens contraire de la vie, vers la mort, *leur* mort — qui n'est pas la nôtre. C'est pourquoi il faut s'obliger.

Que se sentir obligé, ce soit se sentir contraint, c'est donc ce qui se conçoit aisément. L'automobiliste se hâte vers un rendez-vous d'amour, ou une fête de famille, ou un lieu de vacances. Il a en tête des images de fête, de plaisir. Mais voici qu'il aperçoit sur le bord de la route un blessé, victime sans doute d'un chauffard. L'obligation de le secourir et de s'arrêter est là. L'amour, la pitié sont contingents ; l'obligation a un caractère de nécessité. À notre époque, elle fait loi. On comprend que l'automobiliste ne tire aucune satisfaction de devoir s'arrêter ; mais il le doit, et, qu'il s'arrête ou non, il sait très bien ce qu'il doit ou aurait dû faire. Que l'obligation ait un caractère forcé, cela n'a donc rien de mystérieux : le devoir de porter secours vient interrompre le mouvement de la vie, obliger celui qui se portait vers les occupations et le bonheur de la vie à tourner son regard vers ce qui a pour horizon la mort — la mort de *l'autre*.

Mais ce qui reste incompris est toujours l'origine de l'obligation. D'où vient que je me sente obligé au point d'aller à l'encontre de mes désirs, et même de mes intérêts les plus forts ? Au point donc de me faire souffrir ? Je ne choisis pas d'être obligé, et si je me sens obligé, ce n'est pas là un effet de ma nature pitoyable et de mon « bon cœur » : je me sens obligé parce que je le suis. L'obligation fait partie de mon être. L'être de l'homme est relation, disions-nous : le *Dasein* est relationnel. Quelle(s) relation(s) ? Je suis au monde pour y mourir *avec* ceux qui y sont aussi, comme moi, pour y mourir. La mort est notre point commun et notre commune ennemie. Nous savons qu'elle a et aura toujours le dernier mot, qu'à elle appartient le dernier moment. Mais nous sommes ensemble pour retarder ce moment. Chacun est le coéquipier de tous. Si donc je me sens obligé de secourir mon semblable en mortalité, ce rapport n'a rien d'unilatéral, il est réciproque : je puis tout aussi bien avoir, moi, besoin d'aide. Cependant, je ne viens pas en aide à mon épouse pour à mon tour, le cas échéant, être aidé. Il ne s'agit pas d'un calcul. La solidarité de tous les êtres-au-monde est un trait constitutif du *Dasein* comme tel. Chacun mourra seul, mais, en cela, il est comme tous les autres. Chacun ou appelle à l'aide, ou est prêt pour l'appel à l'aide, ou est pouvant à tout instant appeler à l'aide. Pierre est heureux et confiant ; il ne pense à rien moins qu'à la mort. Mais il apprend qu'il a le sida. D'un seul coup, il prie :

aidez-moi. C'est un trait constitutif de l'être de chacun que d'être là pour tous. C'est pourquoi celui qui crie dans le besoin a droit à mon aide aussitôt — et réciproquement.

L'obligation morale est un trait constitutif de l'être-au-monde (= *Dasein*) qui est le nôtre aujourd'hui. Elle est, comme telle, inéluctable. L'être-au-monde est la structure dont le déploiement permet l'offrande de ce monde. Il y a diverses façons d'être au monde. La manière d'être du Japonais n'est pas celle du Grec, ni la nôtre[1]. Heidegger parle d'un *Dasein* grec. Il s'interroge sur « ce qui constitue le propre du *Dasein* grec et de son monde » (*Aufenthalte*, p. 18, trad. F. Vézin). « "Αλήθεια, lui semble-t-il, est le mot propre au *Dasein* grec » (p. 20). Qu'est-ce qui constitue le propre du *Dasein* de l'heure présente ? Quel est ici le mot propre ? Je réponds : Θάνατος. La mort, dans le scepticisme et le relativisme universels, est devenue le seul absolu. Il n'a jamais été aussi tragique qu'aujourd'hui de perdre celui qu'on aime ; mourir n'a jamais été quelque chose d'aussi définitif. Le héros d'un roman de William Irish, *Chanson d'amour à Manhattan*, rejoint celle qu'il aime. Il la trouve gisant morte. Elle n'est plus. « Mais où était-elle ? Où était-elle allée ? Et plus fort encore que mon désir de la voir revenir, je voulais une explication. *Maintenant*, je voulais savoir. C'était l'irrévocabilité de cette chose qui m'épouvantait autant, son absolue et définitive irrémédiabilité. Comme il aurait été doux, réconfortant, d'appartenir à l'une de ces générations

---

1. Cf. « D'un entretien de la parole », dans *Acheminement vers la parole*, Gallimard, 1976.

passées, et de pouvoir m'imaginer que je la retrouverais le jour où moi-même je disparaîtrais[1]. » Mais ce n'est pas l'individu seulement, c'est toute l'humanité qui, depuis Hiroshima, peut être effacée de la Terre. Ou peut-être cessera-t-elle parce qu'elle aura scié la branche sur laquelle elle repose, la Terre vivante. Ou peut-être encore s'exténuera-t-elle comme « humanité » parce que l'« homme » sera devenu autre chose : un être sans conscience et sans âme. Bref, les mots du chœur d'*Antigone* n'ont jamais été plus vrais qu'aujourd'hui, où l'on voit combien s'est étendu le domaine de la mort :

> Bien armé contre tout, [l'homme] ne se voit désarmé contre rien de ce que peut lui offrir l'avenir. Contre la mort seule, il n'aura jamais de charme permettant de lui échapper, bien qu'il ait déjà su contre les maladies les plus opiniâtres imaginer plus d'un remède.

Certains, il est vrai, rêvent d'éliminer la mort grâce aux progrès de la biologie cellulaire ou autres progrès de la techno-science. Laissons de côté la science-fiction. La mort est là plus que jamais — et grâce, notamment, à la technique mortifère.

Or, de quelle façon la mort est-elle présente dans le *Dasein* de l'heure présente comme son propre ? L'être de l'homme est être-avec, c'est-à-dire que l'homme est souci de soi *et de l'autre*, et cela même dans l'insouciance (où le souci est là pour être laissé de côté). Ce

---

1. *Manhattan Love Song*, trad. fr., Paris, Rivages/noir, 1986, p. 161.

souci est : ne pas mourir, ne pas laisser mourir. La mort rôde autour de l'enfant, du vieillard, du blessé, du malade, de tous les mal nourris, les mal logés, de toutes les victimes (réelles ou potentielles) des cataclysmes naturels, du terrorisme ou de la guerre. Elle attend son heure. Ne la laissons pas venir, ou, du moins, retardons son avance, bien qu'inéluctable comme le décompte du temps. Ainsi parle une exigence constitutive, aujourd'hui, de l'être même de l'homme, de son *Dasein*.

« Le *Dasein* de l'heure présente », disons-nous. Mais le présent n'est là que pour faire place à l'avenir. Si l'obligation morale s'inscrit dans la constitution même de l'être-au-monde, cela suppose, au-delà de l'état de choses présent, l'ouverture à un possible avenir. Un enfant va être victime de son imprudence. Il faut empêcher que cela soit. Un blessé est là. Il faut le secourir. Se sentir obligé, c'est sentir notre avenir déterminé comme indépendamment de nous, puisqu'il le sera en fonction non de nos désirs et de nos préoccupations mais des besoins d'autrui, donc non en fonction de nous mais en fonction d'autrui. L'obligation signifie l'aliénation à autrui de notre immédiat avenir. De quoi se sent-on obligé ? De ne pas laisser autrui à son indigence, son impuissance, sa faiblesse, de ne pas abandonner, de ne pas laisser souffrir, de ne pas laisser mourir. Autrement dit, il s'agit d'ouvrir pour autrui une issue, de faire qu'il ait à nouveau un avenir. Je renonce à mon avenir (car je vais pour lui, littéralement, « perdre » mon temps) pour qu'il ait le sien. C'est un sacrifice dur à consentir ; et nous avons là, sans préjudice de la raison plus profonde déjà donnée, la raison immédiate du caractère forcé de l'obligation.

Difficile est pour nous l'avenir, aujourd'hui, car il y a obligation, pour chacun, de choisir un avenir qui ne soit pas seulement le sien. Il est toujours possible, en principe, d'abandonner sur le bord de la route ceux qui ne peuvent pas suivre le mouvement en avant. Mais cela est refusé par l'esprit du temps. Une exigence de solidarité est inscrite dans la manière même d'être au monde de tous les vivant-ensemble. La mort frappe les uns en épargnant les autres. Ceux-ci, dans l'égoïsme individuel ou collectif, détournent des premiers leur regard, répétant ainsi l'opération de la mort — qu'il s'agisse, redisons-le, d'une mort simple, d'une mort lente ou d'une mort partielle, entendant par là toute restriction sensible des activités de la vie, toute réduction des pouvoirs normaux de l'âme ou du corps. La faute morale est dans l'inertie ou l'acquiescement face à cette avancée de la mort; elle consiste à faire comme elle. Il y a toujours eu des miséreux, des misérables, des laissés-pour-compte, des exclus du bien vivre ou du simplement vivre, des marginaux que la société rejette sur ses bords, mais, aux époques anciennes, ce n'était pas un problème — un problème universel de conscience. Aujourd'hui, il en va autrement : chacun est en charge implicite de tout le malheur du monde — chacun, entendons-nous, en son être-au-monde, en sa primordiale ouverture au monde, avant même d'être ou moi ou vous. On me parle des SDF, des r-m-istes, de tous les malheureux, de tous les malchanceux, de tous les désespérés. Je ne me sens pas obligé, si je n'en ai pas les moyens, de leur venir en aide; j'ai, du reste, mes propres et immédiates obligations. Mais je sais et reconnais qu'il y a obligation de les aider, et je me sens concerné en tant qu'homme. S'il était entendu que l'on peut les abandonner à la détresse et à la mort, ce serait une autre humanité. Mais mon être-homme, aujourd'hui, refuse cela.

Est-ce tout? Que veut dire être « homme » aujour-d'hui? Récapitulons. L'être-homme est un être-avec, un être les uns avec les autres. En chacun, il y va des autres aussi. De là l'obligation réciproque universelle, l'obligation pour tous les humains d'aider tous les humains. Cela suffit-il? Il ne le semble pas. Le *Dasein*, aujourd'hui, est un être-ensemble, un être de tous les hommes ensemble. Car je suis à ce monde où il y a Tchernobyl, et nous sommes tous à ce monde où il y a Tchernobyl. Les hommes ont toujours été vivant ensemble, mourant séparément. De là la tentation des jeunes, sur le rempart de leur jeunesse, d'être indiffé-rents à la mort des vieux, des sains d'être indifférents à la mort des malades, des bien nourris d'être indiffé-rents à la mort des mal nourris, etc. Mais, aujourd'hui, le risque existe de mourir séparément tous ensemble. Ainsi, il n'est plus possible de feindre que l'on ait des destins séparés. L'obligation pour tous les humains d'aider tous les humains existe sur le fond d'une obli-gation de nous sauver ensemble. Tchernobyl nous le rappelle : nous sommes embarqués sur le même bateau, la même planète Terre, contaminable, explosable. Mais tu as le sida, et moi je ne l'ai pas. Oui, mais sur le même bateau.

Je me suis demandé quelle est l'origine de l'obliga-tion morale, cela à partir de l'étonnement que je res-sens de me sentir, dans la circonstance que j'ai dite, si fortement obligé. Il m'est apparu que l'obligation morale est reconnue aujourd'hui dans son universalité aussi évidemment qu'à d'autres époques elle ne l'était pas. Un enfant sur la chaussée risque d'être happé par un véhicule. L'obligation est là d'agir pour le sauver. Or, une telle obligation existe aujourd'hui vis-à-vis de tous ceux qui, dans la famille humaine, ont besoin de secours. L'exigence d'aider l'autre est un trait constitutif du *Dasein* — de la manière d'être au monde — de l'heure présente. Refuser la solidarité, c'est revenir à des formes anciennes de l'égoïsme individuel ou collectif. Je n'ai pas nié le rôle d'adjuvants de l'amour et de la pitié dans l'effectuation de ce qui est exigé. Mais l'obligation s'impose sans eux. Quelle en est l'origine ? Dire qu'elle est un trait constitutif de mon être-au-monde, c'est dire que, si je me sens obligé d'agir pour autrui, ce qui revient souvent à me préférer autrui, c'est simplement parce que je suis comme je suis. Or, cela je pouvais le dire dès le début de ma recherche : « Je suis dévoué ? Que voulez-vous, on est comme on est, on ne se refait pas ! », pouvais-je dire. Qu'en est-il donc de mon acquis ? C'est que, maintenant, il ne s'agit plus de moi, ni de l'obligation à laquelle je « m' » assujettis par amour ou par dévouement. Il s'agit non de moi mais de l'universel en moi, non de « mon » obligation mais de l'obligation en moi. C'est là ce que signifie le mot *Dasein* : une structure qui me prédéfinit comme elle prédéfinit tout homme d'aujourd'hui, plus précisément tout homme contemporain de l'homme d'aujourd'hui. C'est pourquoi les conduites d'entraide auxquelles je me sens obligé ont un caractère impersonnel : donner son médicament à un malade, un autre pourrait le faire, ou porter secours à un blessé, ou donner à une organisation caritative. Ma personnalité s'exprime dans des œuvres de création, non dans le tout-venant de la quotidienneté. De là aussi le caractère contraint, forcé, de l'obligation, et l'impression de non-liberté dont elle s'accompagne. La personnalité est empêchée d'être elle-même. L'obligation morale est un principe d'aliénation de soi constitutif du *Dasein*. Toutefois, refuser l'obligation morale ne se traduirait par aucune satisfaction mais, au contraire, par une souffrance de la conscience. Agir selon ce qu'on doit est une condition de la paix avec soi-même et de la sérénité. Le juge est en nous.

1996.

3

Le bonheur comme fait :
bonheur de surface
et bonheur philosophique

Je parlerai du bonheur des gens ordinaires, ensuite du rôle du philosophe, qui est de penser le bonheur, enfin du bonheur propre du philosophe. (D'un côté l'homme ordinaire, de l'autre le philosophe : la dichotomie paraîtra un peu simple : qu'en est-il du créateur, de l'artiste ? Mais les grands créateurs, si l'on en juge par leur caractère, leur comportement, leur vie, ne sont, en général, que des hommes ordinaires ou très ordinaires : on ne dira pas de Mozart, de Wagner ou de Debussy, que l'homme ait été à la hauteur de l'artiste.)

Le bonheur des gens ordinaires, à les en croire, ne fait pas de doute. D'après un sondage de la Sofres paru récemment dans un hebdomadaire[1], 88 % des Français se déclarent heureux. D'après Antoine Pinay, ils seraient même « trop heureux[2] ». Un tel bonheur est de façade : on n'aime pas se dire malheureux, ce qui reviendrait,

---

1. *Le Nouvel Observateur*, 8-14 juillet 1993.
2. *Le Figaro*, 17-18 juillet 1993.

note Josette Alia, « à dresser, d'une certaine manière, un constat d'échec personnel[1] ». Mais un tel bonheur n'est-il que de façade ? Non. Le bonheur est un fait. J'ai entendu des personnes diverses en faire l'aveu, comme aussi, souvent, de leur détresse, de leur souffrance, de leur malheur. Lorsque les hommes vivent bien, dans une époque sans drame, le bonheur, comme s'il n'attendait que cela, naît spontanément et s'exprime. Sur un mur de Pompéi, une inscription s'exclame : *O felicem me*, « Que je suis heureux ! ». Elle a été tracée entre le tremblement de terre de février 62 et l'éruption du Vésuve, en août 79.

Où se trouve le bonheur des gens ordinaires ? Chacun sait qu'à ne rien faire, l'on s'ennuie. On n'est pas heureux si « l'on passe sa vie à dormir ou à ne rien faire », dit Aristote[2]. Le bonheur se trouve toujours à faire quelque chose. Il n'est pas nécessairement dans l'action. Mais il est dans l'activité. Quelle sorte d'activité ? Aristote distingue l'activité transitive, la *poièsis*, qui vise une fin au-delà d'elle-même (une œuvre extérieure à l'artiste), et l'activité immanente, la *praxis*, où il n'y a pas de résultat en dehors de l'activité même. Il emploie le mot *kinèsis*, « mouvement », pour l'activité transitive, et le mot *energeia*, « acte », pour l'activité immanente. Après quoi, il nous dit que le bonheur est « une certaine activité immanente », ἡ εὐδαιμονία πρᾶξις τις[3], qu'il est une ἐνέργεια κατ' ἀρετήν, un « acte accompli selon la qualité par quoi l'on excelle ». Le bonheur de l'homme ordinaire se trouve-t-il dans une activité

---

1. *Le Nouvel Observateur, ibid.*, p. 10.
2. *Éthique à Nicomaque*, I, 3, 1095 *b* 32.
3. *Physique*, II, 6, 197 *b* 5.

ayant sa fin en elle-même ? Et dans une activité où se déploient ses meilleures qualités, et, si possible, les qualités par où il excelle ? Aristote nous invite à le croire. On danse pour danser et l'on a du bonheur à danser, mais non si l'on danse mal. Je danse mal ; je n'ai pas de bonheur à danser. On joue souvent pour jouer non pour gagner, et l'on a plaisir ou bonheur à jouer, surtout si l'on est un joueur habile, non novice et maladroit. La belle musique donne un bonheur, mais qui se mérite par une formation musicale, laquelle suppose des qualités que chacun n'a pas. J'ai l'air de suivre Aristote. Il faut pourtant apporter une rectification. L'homme ordinaire éprouve du bonheur dans les activités immanentes, dont tout le sens est précisément de donner à chaque instant ce bonheur. Mais il éprouve aussi du bonheur dans les activités transitives, par exemple à faire son travail, même s'il travaille pour gagner sa vie. Il suffit que, dans ce qui n'est qu'une activité transitive, il mette en œuvre les qualités par où il excelle. De sorte que le bonheur est dans la réalisation de soi. Et dès lors, toute activité transitive peut prendre le caractère d'une activité immanente.

Que se passe-t-il lorsque l'homme est heureux ? Il est tout à ce qu'il fait. Il est dans un état de concentration sur ce qui l'occupe, doublé d'un état d'absence à tout le reste. Il joue aux cartes avec ses amis. Qu'on ne les dérange pas surtout ! Il regarde un film de son auteur préféré. Ce n'est pas le moment de lui téléphoner ou de lui rendre visite. Exemples triviaux. Je pourrais parler de la concentration du grand artiste, dans ses moments d'exaltation créatrice, sur l'œuvre qui se fait — où d'ailleurs le bonheur de la création ne va pas sans son contraire. Mais je m'intéresse avant tout au commun des mortels. L'oubli, la méconnaissance, l'ignorance, la négligence, l'indifférence sont les qualités négatives que suppose la capacité humaine de bonheur. Mais l'on souffre en Bosnie, en Somalie. Si l'on y pensait trop, il n'y aurait plus de bonheur possible. Mais l'homme ordinaire a ce « privilège d'insensibilité » dont parle Montaigne. Les sages grecs définissent le bonheur par l'*ataraxie*, l'« absence de troubles ». L'homme ordinaire est heureux si son esprit est libre de pensées importunes, telles que regrets, craintes (crainte d'être malade, par exemple), ressentiment (« quand je pense à ce qu'elle m'a fait »), douteuses espérances, préoccupations et soucis de tous ordres. Encore faut-il aussi que le corps ne se rappelle à lui ni par la douleur ni par le besoin.

Mais il faut maintenant ajouter ceci, toujours d'après Aristote : une journée, une soirée heureuses ne font pas le bonheur, pas plus qu'une seule hirondelle ne fait le printemps. L'homme qui pourrait se dire « heureux » à juste titre ne vivrait pas sans soucis seulement le temps d'une partie de cartes ou d'une soirée dansante, mais d'une manière constante. C'est toujours qu'il serait sans regret, sans angoisse, sans appréhension, sans ressentiment, sans tristesse, sans amertume, sans vains désirs. L'homme, dans le temps du bonheur, est celui à qui rien ne manque : il a, à ce moment, exactement ce qu'il lui faut, n'attend, ne demande, n'espère rien d'autre. Or, l'homme heureux serait dans un tel état de saturation d'une manière constante. L'homme heureux est en permanence saturé de joie, ce qui signifie qu'il ne peut en recevoir davantage — mais ce qui ne signifie pas qu'à côté de la joie il ne puisse y avoir autre chose. Or, un tel état, où rien ne peut nous arriver de mieux que ce que l'on a, n'est possible que par la philosophie, si toutefois il l'est.

Mais avant d'éclairer ce point, il est temps de dire quel est le rôle du philosophe. L'homme ordinaire qui se déclare « heureux » se sent en sécurité : il a, pour le moment du moins, de quoi vivre ; il ne voit aucune raison nette d'appréhender l'avenir ; il est bien entouré, ayant la famille et les amis qu'il a souhaités, etc. Bref, l'homme éprouve le bonheur lorsque certaines conditions sont remplies, certains obstacles levés ; mais il n'analyse pas ces conditions. Le rôle du philosophe est d'analyser les conditions négatives (absence de crainte, de soucis, etc.) et positives (activité satisfaisante par elle-même, amitié, etc.) du bonheur. Ainsi ont fait Épicure, Marc Aurèle et d'autres.

Disons maintenant pourquoi, sans la philosophie, l'homme ordinaire ne peut trouver le bonheur solide et durable. L'homme, pour être heureux, disions-nous, ne doit pas se sentir menacé. Il doit se sentir en sécurité, être sans crainte. C'est le cas, jusqu'à un certain point, dans nos sociétés où nous vivons dans un État de droit, sous la protection des lois. Il est toutefois un événement dont aucune puissance, à la longue, ne peut nous protéger, la mort : « À l'égard de toutes les autres choses, dit Épicure, il est possible de se procurer la sécurité, mais, à cause de la mort, nous, les hommes, habitons tous une cité sans murailles » (*Sentence vaticane*, 31). La crainte de la mort entrave le bonheur humain. Cette crainte peu philosophique de la mort se voit très vive chez celui qui se sait le créateur d'une œuvre unique, que la mort, à tout instant, peut rendre impossible à jamais. Je rappellerai seulement les pages de Proust, à la fin du *Temps retrouvé*[1], où il se montre avoir été constamment anxieux de ne pas savoir si le « Maître de la destinée » voudrait bien surseoir, d'une nuit à l'autre (puisqu'il travaillait la nuit), à son arrêt de mort. L'homme ordinaire, me direz-vous, pense le moins possible à la mort. Soit ! mais il la craint même sans y penser. Pour un jeune homme en bonne santé qui regarde un match de football, la mort est loin, la crainte qu'il en a est théorique. Mais avec l'âge ou la maladie, ou les deux, la crainte augmente avec les soucis de santé. Les moments de bonheur, où l'on oublie tout, se font plus rares. Fragile bonheur que celui de l'homme ordinaire ! Au contraire, le bonheur du sage, disons Épicure ou Socrate, bonheur acquis par la philosophie, est à toute épreuve, spécialement à l'épreuve de la douleur et de la mort.

Aux yeux des Grecs, d'après un dicton ancien et classique, que l'on attribuait généralement à Solon, pour déclarer un homme « heureux », il faut « voir la fin », voir dans quel état d'esprit s'est achevée sa vie. A-t-il été parfaitement serein jusqu'à son dernier jour, jusqu'à l'heure dernière ? A-t-il accueilli la mort en toute égalité d'âme ? Il est bien clair que l'homme ordinaire a peur de la mort et qu'il a peur jusqu'à la fin. Alors, que vaut son « bonheur » ? Il a peur parce qu'il a négligé la philosophie. De ce fait, il ne sait pas ce qu'est la mort et il la craint. La philosophie, si du moins elle accomplit sa vocation, dissout la crainte de la mort, et, par l'abolition de cette crainte fondamentale, rend possible le bonheur stable, inentamable, du sage.

1. Je remercie Catherine Collobert de me les avoir remises en mémoire.

Par quelle opération cela se fait-il? De quelle façon le philosophe entend-il extirper la crainte de la mort? Il use, disons-le tout net, d'une potion amère — amère comme l'absinthe, dit Lucrèce. Chacun ne la supporte pas. Beaucoup préfèrent croire à ce qui flatte leur désir de vivre, aux religions de l'au-delà. Leur crainte de mourir est-elle moindre? Il n'est que de regarder autour de soi. L'homme ordinaire est ordinaire, croyant ou non. La religion, qui ne donne à l'homme qu'une vérité reçue, « révélée » dit-on, ne tient pas lieu de sagesse. Ce qu'il faut à l'homme, c'est la vérité au sujet de la mort, et donc de la vie, de l'homme et de lui-même, non une vérité reçue mais celle qu'il s'est faite.

La vérité se mérite. La philosophie est ce chemin où se mérite la vérité. La philosophie délivrera pour le bonheur seulement celui qui aura médité et souffert. C'est dire que nul ne peut philosopher pour un autre. C'est d'ailleurs ce que signifie le terme « méditation ». La méditation est personnelle ou elle n'est pas. Vous me direz que les philosophies sont diverses. La philosophie propose des vérités diverses et contradictoires, dit-on, et l'on croit que c'est là une objection à la philosophie. Mais c'est le point de vue de ceux qui sont au-dehors. Pour celui qui est au-dedans, qui vit la philosophie au-dedans, il n'y a qu'une vérité, celle qu'il s'est faite, à la suite, peut-être, de Platon, d'Épicure, de Marc Aurèle ou d'un autre, mais en retraçant le chemin. Car aucun philosophe ne laisse après lui un chemin tout tracé. Il faut, chaque fois, retracer le chemin. Et le bonheur du philosophe est déjà dans le tracé du chemin.

Le rôle du philosophe est, disais-je, de penser le bonheur de l'homme ordinaire. Il pense les conditions de ce bonheur, et donc à quelles conditions ce bonheur pourrait être stable et à toute épreuve. L'homme ordinaire n'a pas la maîtrise de son bonheur, lequel survient ou lui échappe à la faveur, ou défaveur, des événements. Ce n'est là qu'un bonheur de surface, bonheur instable, faute d'un bonheur de fond, d'un bonheur stabilisateur. Le philosophe voit la condition de tous les bonheurs de la vie qui ne sont pas simplement de surface dans un bonheur de fond, une sérénité essentielle, laquelle se fonde elle-même dans l'intelligence philosophique du monde et de la vie.

De ce fait, le bonheur du philosophe n'est pas celui de l'homme ordinaire. Il n'est pas dépendant, à la merci des bonnes ou des mauvaises nouvelles. Son principe, en effet, est purement interne. Il est seulement dans la pensée : « La pensée console de tout et remédie à tout, dit Chamfort. Si quelquefois elle vous fait du mal, demandez-lui le remède du mal qu'elle vous a fait, et elle vous le donnera[1]. » On entend ici la leçon des Stoïciens, des Épicuriens, de Socrate, bref la leçon de la philosophie. La pensée, plus puissante que l'événement, assure un bonheur de fond. Mais le bonheur de fond n'exclut pas les autres bonheurs. Au contraire, il rend capable de nombreux bonheurs subsidiaires, comme s'il fallait déjà être heureux pour être heureux, comme si le bonheur se présupposait lui-même. Le bonheur de fond, philosophique, permet de cueillir de nombreux bonheurs qui échappent à l'homme affairé. Le philosophe, comme on sait, cultive l'étonnement. Il ne s'étonne pas au début, une fois pour toutes, mais toujours. Il s'étonne de vivre, de la vie, et cet étonnement est bonheur. Il s'étonne de la nature, de la sérénité

---

1. *Maximes et pensées*, Paris, Éditions Richelieu, 1953, t. I, p. 90.

qu'elle garde dans son mouvement éternel — sérénité de la nature qui fonde sa propre sérénité. Le grand ennemi du bonheur est l'affairement. L'homme affairé, qui vit en avant de lui-même, qui, selon la formule sartrienne, « est ce qu'il n'est pas et n'est pas ce qu'il est », cet homme ne s'étonne de rien. Il ne s'étonne d'aucun bienfait. L'homme serein vit parmi des bienfaits : la terre, le soleil, les bêtes et les plantes, et surtout l'homme et la femme. Il y eut un sage grec, Antisthène, pour dire : « Le sage n'a pas besoin d'amis. » Peut-être. Pourtant, à quoi bon la sagesse sans l'amitié ? Qu'est-ce qu'un bonheur que l'on ne partage pas ? On ne vit pas le bonheur séparément, note Épicure. On ne trinque pas seul à sa propre santé. Il s'agit, dit Épicure, de s'éveiller les uns les autres pour le bonheur. Belle est la *Sentence vaticane*, 52 : « L'amitié mène sa ronde autour du monde habité, comme un héraut nous appelant tous à nous réveiller pour nous estimer bienheureux. » L'homme ordinaire se figure que le bonheur tient à la possession de biens ; la philosophie enseigne que le bonheur ne tient qu'à un changement d'attitude, dont l'effet, pourtant, n'est certain que s'il n'est pas solitaire. Le bonheur de l'amitié n'est donc pas un bonheur subsidiaire, comme celui que peuvent donner une belle chanson, un beau livre ou un beau jardin. Il est un élément du bonheur essentiel. Le bonheur de fond, dont je parle, est donc un bonheur participant d'une autre sérénité et dont une autre sérénité participe.

Le bonheur du philosophe est-il complet ? Le bonheur complet est celui des dieux épicuriens. Ce n'est pas celui du philosophe. Car il y a les exclus du bonheur, et il faut y penser. Ils comptent aussi. Sinon, pourquoi Zénon, Pyrrhon, Épicure auraient-ils enseigné ? Le bonheur du philosophe est un bonheur souffrant. Comment en serait-il autrement pour un bonheur humain ? « Nous ne goûtons rien de pur », dit Montaigne. L'homme heureux d'un bonheur philosophique est « sage » — autant qu'il est possible de l'être. Le sage n'a pas de problème personnel, ou du moins a la force d'y faire face. Il en est d'autant plus sensible aux problèmes des autres. J'ai parlé du « privilège d'insensibilité » de l'homme ordinaire. Le sage, au contraire, est d'autant plus sensible aux problèmes des autres qu'il est moins occupé des siens.

Pourquoi, en ce cas, le dire « heureux » ? Parce qu'il l'est. Son bonheur est un fait. Mais le bonheur n'empêche pas que l'on puisse souffrir, pas plus que la souffrance n'empêche que l'on puisse être heureux. Épicure le dit dans la lettre à Idoménée[1]. Faut-il rappeler ici l'unité et l'indissociabilité héraclitéennes des contraires ? Qu'il me suffise d'évoquer la réplique d'Ondine au roi des Ondins dans Giraudoux : « Nous sommes chez les humains. Que je sois malheureuse ne prouve pas que je ne sois pas heureuse[2]. » Bonheur parce que l'on est sans crainte et sans désir, en paix avec soi-même, en règle avec sa conscience morale et surtout destinale, avec la conscience de son propre destin (j'entends que l'on a toujours vécu dans l'intelligence de soi et la fidélité à soi), mais aussi tristesse parce que le monde est triste et que l'on n'y peut rien. Bonheur de la puissance sur soi, tristesse de l'impuissance sur le monde. Je parle, on le voit, du bonheur du philosophe, mais à l'époque de l'image. Pyrrhon me

---

1. Diogène Laërce, X, 22.
2. *Ondine*, acte III, scène 5.

conseille l'*adiaphoria*, l'indifférence. Mais il ne vivait pas à l'époque de l'image. J'admets et pratique l'indifférence à l'égard des vaines satisfactions du désir. Mais je ne pourrais, sans inhumanité, conseiller et pratiquer l'indifférence à l'égard de l'horreur et du malheur multiples.

« Où est le bonheur? » La question est de Victor Hugo[1] :

Où donc est le bonheur? disais-je. — Infortuné!
Le bonheur, ô mon Dieu, vous me l'avez donné.
Naître, et ne pas savoir que l'enfance éphémère,
Ruisseau de lait qui fuit sans une goutte amère,
Est l'âge du bonheur et le plus beau moment
Que l'homme, ombre qui passe, ait sous le firmament!

Oui, l'enfant est heureux, si du moins il a eu un certain nombre de chances (l'*eudaimonia* ne va pas sans l'*eutuchia*, la chance), notamment la chance d'être voulu et aimé. Mais nous ne sommes plus des enfants, et, pour nous, le bonheur ne va plus de soi. Pour le saisir, il faut saisir que rien ne nous en sépare que nous-même, et cela ne se peut que par la philosophie. Quelle philosophie? Il n'y a pas de réponse universelle. Certains trouvent leur bonheur dans Spinoza. Je trouve plus de secours chez les Grecs et chez Montaigne. Mais il ne s'agit pas de moi, ni de dire ici de quelle façon je me sens en affinité avec Héraclite, Marc Aurèle, Pyrrhon ou Montaigne. Ce serait un autre sujet. Les stratégies du bonheur sont diverses, qu'il s'agisse d'ailleurs de l'homme ordinaire ou du philosophe. Je m'en tiendrai

---

1. *Les Feuilles d'automne*, 28 mai 1830.

à la question générale : si le bonheur est dans la philosophie, est-ce à dire que toute philosophie puisse, soit à
l'un, soit à l'autre, donner le bonheur ? Or, on se trouve
ici devant le fait que nombre de philosophies n'ont
pas cette prétention. Il est, en fait, deux sortes de philosophies : celles qui donnent le bonheur et celles qui ne
font que le promettre. Les philosophies qui sont dans la
dépendance des religions de l'au-delà, et c'est le cas de
la plupart des grandes philosophies modernes, ne font
que promettre le bonheur : pour Kant, par exemple,
nous aurons — peut-être — le bonheur dans un monde
futur. Mais il appartient à la philosophie, si elle mérite
ce nom, d'être libre à l'égard de la religion, et donc
de ne pas seulement promettre le bonheur mais de le
donner.

Est-ce à dire que le bonheur que l'on a par la philosophie soit ce qui ne vient qu'à la fin, soit seulement
un aboutissement, un résultat ? Non, car si l'activité
de philosopher a le caractère d'une activité transitive,
puisqu'elle est recherche de la vérité, elle a aussi le
caractère d'une activité immanente, satisfaisante par
elle-même, indépendamment du résultat. C'est ce
que souligne Épicure : « Dans les autres occupations,
une fois qu'elles ont été menées à bien avec peine,
vient le fruit ; mais, en philosophie, le plaisir va du
même pas que la connaissance : car ce n'est pas après
avoir appris que l'on jouit du fruit, mais apprendre et
jouir vont ensemble[1]. » La philosophie réjouit dès le
commencement de son exercice. Pourquoi cela ? C'est
que l'approche du bonheur est déjà bonheur. Je disais
que, à la différence du bonheur de surface, fragile et

---

1. *Sentence vaticane*, 27.

instable, de l'homme ordinaire, le bonheur que donne la philosophie était stable et constant. Je songeais alors à l'intelligence qu'elle nous donne de la nature des choses. Cela supposait un aboutissement. Mais il y a bonheur même s'il n'y a pas aboutissement. Le bonheur est tout au long du chemin. Dès lors, pour éprouver un bonheur constant, il suffit de philosopher toujours. Il faut philosopher et « ensemble gouverner sa maison », dit Épicure[1].

Or, c'est ici que nous nous trouvons devant un paradoxe, ou du moins une difficulté. Comment philosopher si l'on n'est pas déjà heureux ? Qu'est-ce, en effet, que philosopher ? C'est méditer, réfléchir, penser, et cela ne se peut que si l'on a l'esprit libre, si l'on n'est pas dérangé par l'agitation ou les sollicitations extérieures (la guerre par exemple, les devoirs de société, etc.), ou angoissé, tourmenté, inquiet, en proie aux vains désirs, harcelé au-dedans par toutes sortes de soucis. L'acte même de philosopher suppose la tranquillité, cette « absence de troubles » de l'âme, l'*ataraxie*, qui, d'après Épicure, est déjà le bonheur. Telle est la difficulté. Elle se résout, peut-être, par une distinction. Car le bonheur que l'acte de philosopher suppose est un bonheur négatif, puisqu'il se définit par une « absence », alors que le bonheur de philosopher est un bonheur positif, celui que donne l'activité de l'esprit et de l'intelligence en vue de la vérité. L'acte de philosopher suppose un certain bonheur et donne un autre bonheur.

Reste que le bonheur ainsi présupposé n'est aucunement de la même nature que le bonheur de surface de l'homme ordinaire. Que signifie-t-il, en effet, sinon

---

1. *Sentence vaticane*, 41.

une totale absence d'intérêt pour tout ce qui intéresse l'homme quelconque : jeux, prouesses sportives, divertissements et plaisirs variés — et je ne parle même pas des pseudo-bonheurs, des bonheurs « d'esclave », comme dit Baudelaire, que donnent les « paradis artificiels ». C'est « dès sa jeunesse », observe Platon[1], que le vrai philosophe ignore les chemins habituels du plaisir et de l'ambition, comme aussi tout ce qui fait parler les gens et les mini-problèmes, les problèmes du moment de la vie publique. « Et qu'il ignore tout cela, ajoute Platon, lui-même ne le sait point ; car, s'il s'en abstient, ce n'est point par gloriole : c'est qu'en réalité son corps seul a, dans la ville, localisation et séjour. Sa pensée, pour qui tout cela n'est que mesquinerie et néant, dont elle ne tient compte, promène partout son vol [...], scrutant la nature des choses[2]. » Bonheur négatif de la tranquillité, ai-je dit. Mais c'est ici qu'il y a lieu de parler de la positivité du négatif. La tranquillité n'est pas une fin. Le bonheur négatif n'est que préparatoire. Il est appel d'un autre bonheur. Je parle d'« appel », d'« exigence » ; je ne parle pas de « désir ». Le désir de bonheur est l'affaire de l'homme ordinaire, même s'il obtient souvent un bonheur sans désir : que l'on songe au bonheur imprévu et sans cause « bien visible » dont parle Baudelaire[3], aux bouffées de bonheur que décrivent Proust ou Julien Green. Le philosophe ne désire pas le bonheur. Il l'a. Le vrai philosophe, dit Platon, ne se définit que par l'amour de la vérité[4]. Il a le bonheur de la tranquillité, bonheur préliminaire, et

---

1. *Théétète*, 173 *c.*
2. *Ibid.*, 173 *e.*
3. *Le poëme du haschisch*, début.
4. *République*, V, 475 *e.*

le bonheur des premiers pas, celui du philosopher en
ses commencements, ensuite le bonheur qui vient par
surcroît à chaque progrès de la recherche, en attendant
le bonheur définitif qui vient à la fin.

Attachons-nous au bonheur de la tranquillité.
Bonheur négatif, ai-je dit, car se définissant par une
« absence ». Mais il faut remarquer maintenant ceci :
que cette absence est une abstraction, laquelle suppose une puissance d'abstraction. Il faut beaucoup de
force au jeune homme pour faire abstraction de tout
ce qui intéresse, attire, fascine les jeunes gens de son
âge, pour s'isoler et forger sa solitude. De toute part :
l'emprise du collectif, du social. Or, ce qui intéresse
le philosophe n'est pas le collectif mais l'universel.
Ce ne sont pas les valeurs de la collectivité, mais une
vérité qui n'a rien à voir avec les pseudo-vérités dont
les collectivités sont la mesure. Car, ainsi que le dit
Protagoras, c'est « l'homme » — non la cité — qui est
« la mesure de toutes choses », πάντων χρημάτων μέτρον
ἐστὶν ἄνθρωπος[1], l'« homme », c'est-à-dire l'individu
universel, qui juge de toutes choses, que ce soit des
dieux, du monde ou des valeurs, non selon les normes
de la collectivité mais uniquement selon sa propre raison, bref le philosophe. Oui, il faut une force singulière
au jeune homme, philosophe de vocation, pour se penser comme, virtuellement, le mesureur de toutes choses,
« pour celles qui sont de leur être, pour celles qui ne
sont pas de leur non-être », τῶν μὲν ὄντων ὡς ἔστιν, τῶν
δὲ οὐκ ὄντων ὡς οὐκ ἔστιν. Car, ce qu'il a en vue, c'est,
en effet, la question du réel : qu'est-ce qui est vraiment
réel, qu'est-ce qui mérite d'être dit « être » ?

---

1. Sextus Empiricus, *Adv. Math.*, VII, 60 ; Platon, *Théétète*, 152 *a*.

Or, d'où vient au philosophe son énergie ? D'où lui vient sa disposition à trouver le bonheur dans la philosophie et là seulement ? Il faut noter d'abord que, s'agit-il même du bonheur de l'homme ordinaire, il n'y a pas de bonheur sans une tournure du caractère qui dispose à être heureux. Il est des personnes qui ne seront jamais satisfaites, quoi qu'il leur arrive, quoi qu'elles aient. Le mot *eudaimonia*, « bonheur », vient de *eudaimôn*, « dont le sort est heureux », qui a un bon *daimôn*, un bon génie personnel. Mais, comme le dit Héraclite (fr. 119 Diels-Kranz), « le caractère, pour l'homme, est son *daimôn* » — son destin. Il y a, pour chaque homme, une disposition constante qui lui est propre, qui est son caractère. La tournure du caractère décide de la tournure des choses et des événements. Certains hommes ont ainsi, en eux-mêmes, dans leur propre manière d'être disposés et de se comporter, leur caractère, un principe de bonheur et de chance, d'autres un principe de malheur et de malchance. Mais d'où vient cette différence ? Elle vient elle-même de la chance, d'une chance antérieure. « On regarde, dit Aristote, comme identique au bonheur (*eudaimonia*), ou presque, la chance (*eutuchia*)[1]. » Disons, en tout cas, qu'il n'y a pas de bonheur sans chance. Même le bonheur de l'homme ordinaire suppose la faveur initiale d'un caractère propice. Le bonheur est d'abord dans les gènes, dirai-je, pour sacrifier à la mythologie d'aujourd'hui. Cela sans oublier la faveur des influences heureuses de l'enfance. Dans le livre I des *Pensées*, Marc Aurèle énumère les chances initiales qu'il a eues, et ces « chances » sont des humains qui l'ont formé à l'humanité.

---

1. *Physique*, II, 6, 197 *b* 4.

Qui dit « chances » dit « hasards ». Il faut bien des hasards pour que naisse un philosophe, pour produire un caractère non seulement apte au bonheur mais tourné vers ce bonheur particulier qui génère la philosophie et qui est généré par elle. Le caractère philosophe, la « nature philosophique », ἡ φιλόσοφος φύσις, comme dit Platon[1], est un résultat ; elle est l'effet de diverses chances, de hasards heureux, bref de cette forme de causalité qu'est le hasard. Et pourtant, une nature de philosophe est nécessairement une nature libre. Pour deux raisons, entre autres : d'abord, elle est capable de vérité, j'entends capable de jugement vrai, donc non déterminé par des causes (psychologiques ou autres), mais seulement par la vue de la vérité ; ensuite, elle est capable de cette abstraction dont j'ai parlé à l'égard de tout ce qui la détournerait de son intérêt pour l'universel. On s'étonnera : comment une liberté serait-elle le résultat de causes génétiques, sociales ou autres ? Mais y a-t-il lieu de s'étonner ? Le rapport de causalité n'implique pas que l'effet soit contenu dans la cause. La cause ne fait que produire l'effet. Elle ne l'explique pas. À moins de n'être que la cause elle-même sous une autre forme, de ne faire que répéter la cause — mais, en ce cas, pourquoi parler d'« effet » ? — l'effet enferme quelque chose de nouveau par rapport à la cause, que donc la cause ne saurait expliquer. Rien n'empêche alors que quelque chose comme la liberté se trouve dans l'effet, qui ne se trouve nullement dans la cause. La nature produit tout et même la liberté.

Je reviens au bonheur. Du reste, il est temps de conclure. Le bonheur, non pas de surface mais stable,

---

1. *République*, III, 410 *e*.

profond, substantiel, est dans la philosophie. Mais il n'y est pas pour tous. Car n'importe qui n'est pas capable de l'y trouver. Il y faut une disposition initiale du caractère, celle même qui est disposition à la philosophie. D'où procède une telle disposition ? D'un certain nombre de chances qui tiennent aux hasards des commencements. La nature est élitiste, la société aussi par les privilèges éducationnels[1] — et ne le fût-elle pas que la nature, de toute façon, le serait. Il y a ceux qui sont nés pour le bonheur de la philosophie et les exclus de ce bonheur, et il y a ceux qui sont entre ces deux extrêmes et sont le plus grand nombre. Ils ne sont pas, de nature et de vocation, philosophes. Là n'est pas leur destin. À l'égard de la philosophie, ils n'ont pourtant pas de réaction de rejet, mais, au contraire, un appétit et une capacité d'en retirer quelque bonheur. Ils forment, en gros, l'effectif de nos classes de philosophie. Le rôle de la classe de philosophie est, entre autres, de fortifier le principe de bonheur que chacun porte en soi.

Quoi de plus important qu'un tel principe de bonheur et de force à notre époque ? En effet, par suite du progrès technologique, le fléau du chômage ne peut manquer, semble-t-il, de s'étendre de plus en plus sur l'Europe et sur le monde. Mais pourquoi « fléau » ? Pourquoi pas le contraire ? Au problème du chômage, il n'y a pas, apparemment, dans l'état de choses actuel, de solution objective : si l'on réduit le chômage quelque part dans le monde, c'est pour le déplacer ailleurs. Reste alors la solution subjective, à savoir une mutation mentale face à la signification du travail et à la condition du sans-travail. Je n'ai jamais vu l'une de mes étudiantes

---

1. Le mot « éducationnel » est dans Littré.

aussi heureuse que lorsqu'elle fut au chômage. Elle pouvait faire sa thèse. Aussi était-elle philosophe. La philosophie rend le chômeur heureux. Mais je n'entends pas que la philosophie soit la panacée — le remède universel. Ce que, cependant, l'on peut concevoir, c'est, pour le chômeur, une activité autre que le travail et où se déploieraient ses meilleures qualités, ce qui n'irait pas, pour lui, sans un certain bonheur. Quelle autre activité ? L'étude, bien sûr. Pourquoi le chômeur ne serait-il pas tenu, en échange de l'allocation, d'étudier, à l'école du soir, à l'atelier, à l'Université ou ailleurs, une matière de son choix (que ce soit la menuiserie, la danse, la théologie ou telle autre que l'on voudra). Il en résulterait, pour lui, un gain en savoir, en dignité et en bonheur.

1993.

4

La tolérance française
et sa signification universelle

Lorsque j'étais professeur, je ne « tolérais » pas les fautes de grammaire ou de style dans les copies d'élèves ou d'étudiants : je n'étais pas pour autant « intolérant ». La malhonnêteté n'est pas « tolérable ». Ne pas « tolérer » la malhonnêteté n'est pas pour autant être « intolérant ». Les règles grammaticales ou les lois morales ne sont pas, en effet, affaire d'opinion, de sorte que la tolérance n'implique pas que l'on « tolère » les entorses à ces règles ou à ces lois. Mais si, dans ma classe, un élève eût exprimé une opinion paradoxale ou choquante et que je l'eusse fait taire, eussé-je été « intolérant » ? Non si l'opinion était insoutenable parce qu'absurde ; oui sans doute si l'opinion, quoique paradoxale et choquante, était en elle-même non absurde. Non seulement, en effet, les lois de la logique et le rationnel ne sont pas affaire d'opinion, mais une opinion, pour être simplement une opinion et être digne d'examen, doit d'abord s'y assujettir. Cela dit, une société absolument tolérante est une société où toutes les opinions peuvent s'exprimer sans entraîner l'état de guerre.

Une telle société est-elle possible ? Oui, sans doute. La classe terminale de philosophie en est un exemple (ci-après, § I). Une telle tolérance a son modèle dans une tolérance qu'il a fallu un millénaire pour redécouvrir — et encore ! —, la tolérance grecque (§ II). Mais alors que la tolérance grecque « allait de soi » (J. de Romilly), sans même un mot pour la désigner, la tolérance doit, aujourd'hui, face à l'intolérance, être défendue et justifiée. C'est pourquoi elle doit être un sujet de réflexion, notamment quant à sa définition précise et son fondement.

I

Une société absolument tolérante est une société universelle : les particularités nationales, raciales, religieuses, etc., n'y limitent pas *a priori* le champ des opinions possibles (dont l'expression est possible). Dans une telle société, tout individu qui soutient une opinion quelconque est prêt à admettre qu'un autre individu quelconque soutienne l'opinion opposée. Telle est la règle fondamentale. Les classes de philosophie que j'ai eues jadis étaient autant de sociétés universelles. Un élève, nouveau Calliclès, eût pu y prendre la défense du gouvernement tyrannique ou soutenir le racisme[1] — sous la seule condition qu'il consente à argumenter et à rendre les armes lorsque la discussion eût tourné à son désavantage, ce qui n'eût pas manqué !

Voici quelle aurait été, à peu près, cette discussion :

---

1. Mais non l'inexistence des chambres à gaz, puisqu'il ne s'agit pas là d'une opinion mais de la négation d'un fait.

« L'ÉLÈVE. — J'ai lu Platon et, à l'exemple de Calliclès et de Thrasymaque, je soutiens la thèse raciste.

LE PROFESSEUR. — Qu'entendez-vous par "racisme"?

L'ÉLÈVE — Il existe des races différentes et certaines sont supérieures à d'autres. Les Blancs, par exemple, sont supérieurs aux Noirs.

LE PROFESSEUR. — Comment le savez-vous?

L'ÉLÈVE — Il suffit de comparer les œuvres des Blancs dans les domaines des arts, des sciences, de la philosophie, et les œuvres des Noirs dans les mêmes domaines.

LE PROFESSEUR. — Mais ne voit-on pas les Noirs l'emporter sur les Blancs dans certains domaines : dans certaines disciplines sportives, par exemple, ou certains arts?

L'ÉLÈVE — Oui, mais les domaines où les Blancs l'emportent sont les domaines les plus élevés de la culture. Les Noirs n'ont pas eu leur Platon ou leur Shakespeare.

LE PROFESSEUR. — Soit! Mais le racisme ne peut se conclure d'une supériorité culturelle. On admet, en général, que les Allemands l'emportent de beaucoup sur les Espagnols dans le domaine de la philosophie. Personne ne dira, cependant, que les Allemands et les Espagnols forment deux races dont l'une est supérieure à l'autre. Pourtant, les Allemands étant blancs, comme ils sont, si les Espagnols étaient noirs, vous diriez que les Blancs sont supérieurs aux Noirs, ce qui serait absurde.

L'ÉLÈVE — Je suis déconcerté. Je ne vois pas bien où est mon erreur.

LE PROFESSEUR. — Vous soutenez que certaines cultures sont supérieures à d'autres. Cela, je dois vous l'accorder. Dès lors, en effet, que je dénonce le racisme, je ne peux pas ne pas considérer une culture où s'est développée une tradition d'égalité comme supérieure à une autre restée esclavagiste et raciste. Mais de l'inégalité des cultures, il ne faut pas conclure à l'inégalité des races.

L'ÉLÈVE — Pourquoi cela ?

LE PROFESSEUR. — C'est bien simple. La supériorité d'une culture, telle que vous l'entendez, est due aux réalisations exceptionnelles de certains individus exceptionnels. Si la culture européenne blanche est supérieure à la culture centrafricaine noire, cela tient aux réalisations exceptionnelles de *certains* Blancs. Or, vous en concluez que *tous* les Blancs, parce que Blancs, sont supérieurs à *tous* les Noirs, parce que Noirs, ce qui est absurde. Et pourquoi un Blanc quelconque serait-il supérieur à un Noir quelconque puisque, à l'inverse, ce peut bien être le contraire qui soit vrai ?

L'ÉLÈVE — Moi donc, qui suis Blanc, je ne suis pas en droit de me considérer comme supérieur à un Noir quelconque que je rencontre dans la rue ?

LE PROFESSEUR. — Vous devez même vous en garder sous peine d'être ridicule, de même que vous seriez ridicule si vous souteniez que vos dissertations de philosophie sont supérieures, parce que vous êtes Blanc, à celles de votre camarade noir Augustin, ici présent, alors que, selon mon jugement, c'est le contraire qui est vrai.

L'ÉLÈVE — Mais nous avons eu Platon et Shakespeare.

LE PROFESSEUR. — "Nous" ? Qui ? Augustin aussi a "eu" Platon et Shakespeare, car ces auteurs sont universels. »

De pareilles discussions, j'en ai eu et mené bien souvent dans ma classe terminale de philosophie. Toute opinion pouvait s'exprimer, sous condition d'accepter l'examen dialectique. La tolérance y était absolue. Dans toute classe de philosophie qui a le caractère d'une société universelle, il en va de même. « Dans mon lycée de Bombay, rapporte Dinesh D'Souza, je connaissais des élèves qui se considéraient comme monarchistes, socialistes, démocrates-chrétiens, partisans hindous d'une société fondée sur les castes, agrariens, planistes, théocrates, libéraux et communistes[1]. » Ces élèves pouvaient-ils, dans le cadre d'une discussion, exprimer leur opinion, et tous, à titre égal, la soumettre à l'épreuve dialectique ? Pouvaient-ils prendre la parole sans qu'aucune intimidation ne s'exerce ? En ce cas, ils formaient, sous la direction de leur professeur, une société pédagogique universelle.

II

Comme ce qui précède le laisse pressentir, la société des apprentis philosophes en classe de philosophie a son modèle dans la société que formaient, avec et autour de lui, les auditeurs de Socrate. Elle est donc un héritage de la Grèce. La tolérance absolue est en œuvre dans les dialogues socratiques (Thrasymaque, par exemple, a toute liberté pour soutenir la thèse extrême que la force crée le droit, que l'homme ou l'État forts sont justes par là même). L'idée de tolérance absolue est grecque.

---

1. *L'Éducation contre les libertés. Politiques de la race et du sexe sur les campus américains*, trad. Ph. Delamare, Gallimard, 1993, p. 327.

L'universel est le signe de la raison. Les sociétés universelles sont des sociétés rationnelles. Les traditions, excepté la tradition même de l'universel, n'y ont aucun poids. Aux sociétés universelles s'opposent les sociétés traditionnelles. Celles-ci, pour autant qu'elles reposent sur certaines traditions particulières et exclusives, sont nécessairement intolérantes à d'autres traditions. C'est ainsi que la société médiévale est intolérante à l'athéisme. Par différence avec le polythéisme grec, pour lequel les dieux étrangers étaient tout autant des « dieux » que les dieux grecs, le monothéisme est le grand principe de particularité, d'exclusion et d'intolérance, dans la mesure où il repose sur la parole « Je suis celui qui suis » (*Exode*, 3, 14), c'est-à-dire : je suis le seul Dieu qui *soit* — les autres n'étant « rien » (*Isaïe*, 41, 24)[1]. Alors que, pour les Grecs, la tolérance religieuse, répétons-le, « allait de soi[2] », les Chrétiens dénoncèrent les « faux » dieux et s'attirèrent par là même les persécutions que l'on sait[3]. Après quoi, forts du pouvoir temporel, ils persécutèrent à leur tour — supprimant la liberté des cultes païens, pillant et rasant les temples, brisant les statues, coupant les arbres sacrés, forçant les conversions. La chaste Hypatie, martyre de la philosophie, fut « déshabillée, tuée à coups de tessons, mise en pièces », ses restes « promenés

---

1. Cf. « Tu n'auras pas d'autres dieux que moi » (*Deut.*, 5, 7).

2. J. de Romilly, *Pourquoi la Grèce ?*, Paris, Éd. de Fallois, 1992, p. 117.

3. « Les martyrs furent ceux qui s'élevèrent contre les faux dieux [...] On est forcé d'avouer qu'eux-mêmes étaient intolérants » (Voltaire, *Traité sur la tolérance*, chap. IX, dans *Mélanges*, « La Pléiade », p. 591).

par les rues et brûlés[1] ». Justinien abolit la liberté de
conscience en 529. Il y a persécution et persécution,
dit saint Augustin : « Il y a une persécution juste, celle
que font les Églises du Christ aux impies […] l'Église
persécute par amour et les impies par cruauté[2]. » Mais
l'intolérance n'est ici « justifiée » qu'au nom d'une foi
particulière. Elle n'est ni justifiée ni justifiable en droit
aux yeux de la raison, puisque la vérité religieuse n'est
pas objet de connaissance et de démonstration.

Avec l'éveil — le réveil — de la raison indépendante, viendra la justification de la tolérance. Dans son
essai « De la liberté de conscience », Montaigne fera
l'éloge de Julien l'Apostat, « un très grand homme et
rare » (p. 669, éd. Villey, PUF, 1978), qui voulut que
« chacun sans empêchement et sans crainte servît à
sa religion » (p. 671). Locke est plus timoré : il écrit
de belles choses sur la tolérance, mais, toutefois, ne
l'étend ni aux catholiques, dès lors qu'ils sont soumis
au Pape, souverain étranger, ni aux athées, lesquels ne
peuvent prêter serment alors que les serments garan-
tissent la fiabilité des contrats. Bayle justifie la tolérance
comme fondée purement et simplement dans la raison
morale (raison pratique) universelle. Il s'oppose à saint
Augustin : « Il se peut que le persécuté ne vaille rien,
mais le persécuteur est tout aussi injuste » (*Commentaire philosophique*, III, XI), et à Locke : « Il faut tout
ou rien. On ne peut avoir de bonnes raisons pour tolérer
une secte, si elles ne sont pas bonnes pour en tolérer

1. P. Chuvin, *Chronique des derniers païens*, 2e éd., Paris, Les
Belles Lettres/Fayard, 1991, p. 93.
2. Lettre 185, citée par J.-M. Gros, Introduction à Pierre Bayle,
De la tolérance. Commentaire philosophique, Presses Pocket,
1992, p. 19.

une autre » (*ibid.*, II, VII). Toutefois, il concède encore au pouvoir civil le droit d'interdire aux athées de propager leurs idées, de leur imposer silence.

Bref, après Montaigne, Locke et Bayle, au temps où l'abbé Caveyrac écrivait son *Apologie de la Saint-Barthélemy*, il était encore bien nécessaire de batailler pour la tolérance. C'est ce que fit Voltaire, dont le *Traité sur la tolérance, à l'occasion de la mort de Jean Calas* (1763) eut un succès immense, un retentissement européen. Les rédacteurs de la *Déclaration des droits de l'homme et du citoyen* du 26 août 1789 s'étaient formés par la lecture et l'étude des Philosophes. L'idée de « tolérance » inspire les articles 10 et 11, même si le mot n'y est pas (je vais bientôt dire pourquoi : cf. ci-après, § III) : « Nul ne doit être inquiété pour ses opinions, même religieuses […] » (art. 10) : « La libre communication des pensées et des opinions est un des droits les plus précieux de l'homme […] » (art. 11). À la différence des déclarations des droits des divers États américains qui avaient un caractère local (droits du citoyen du Massachusetts, de la Virginie, etc.), la *Déclaration* de 1789 avait un caractère universel. Comme telle, elle eut un retentissement partout, avant de devenir la base de la plupart des constitutions dans le monde[1]. Alors, il

---

1. Cf. J. Godechot, *Les Constitutions de la France depuis 1789*, Paris, Garnier-Flammarion, p. 27. Citons Hegel, « le seul Allemand qui ait jamais compris la Révolution française », selon Taine (« Pour une statue à Hegel », *Débats* du 25 janvier 1870) : « C'était là un superbe lever de soleil. Tous les êtres pensants ont célébré cette époque. Une émotion sublime a régné en ce temps-là ; l'enthousiasme de l'esprit a fait frissonner le monde, comme si, à ce moment seulement, on en était arrivé à la véritable réconciliation du divin avec le monde » (*Leçons sur la philosophie de l'histoire*, trad. Gibelin, Paris, Vrin, 1946, p. 401).

fut admis pour la première fois, en France, que la tolérance universelle des opinions *devait* être au principe de tout bon gouvernement.

Cela dit, l'intolérance subsista. Il faut distinguer deux sortes d'intolérance : l'intolérance comme phénomène de gouvernement et l'intolérance comme phénomène de société. Ces deux intolérances ne sont nullement en phase l'une avec l'autre. Sous la dictature révolutionnaire de 1793-1794, au temps de Hébert puis de Robespierre, l'intolérance de la Convention à l'égard du christianisme n'eut pas de résonance profonde dans la société. Anacharsis Clootz, membre du Comité d'instruction publique, soutint, dans un rapport imprimé par ordre de la Convention, que la Vérité était par elle-même « intolérante » puisque incompatible avec l'erreur : « L'intolérance de la vérité proscrira un jour jusqu'au nom de temple, *fanum*, étymologie de *fanatisme* [.,.]. Car la Vérité, élevée sur le trône de la Nature, est souverainement intolérante. La république des droits de l'homme n'est pas, à proprement parler, déiste, ni athée —, elle est nihiliste [...][1] ». « La » Vérité ! Mais « la » Vérité n'est jamais que *ma* — ou *notre* — vérité. La vérité devient intolérante lorsqu'on escamote le moment sceptique. Or, une telle intolérance dogmatique n'eut guère de répondant dans la société. En revanche, le discours de Grégoire sur la tolérance de janvier 1795, bien qu'il fût « écouté impatiemment[2] » par l'Assemblée, était en accord avec l'inclination populaire et le mouvement général des esprits.

---

1. *Ibid.*, p. 257.
2. *Ibid.*, p. 257.

Le XIXᵉ siècle, dominé, dans sa plus grande partie, par l'alliance du Trône et de l'Autel, fut un siècle d'intolérance feutrée, adoucie, humanisée. On ne tue plus ; la torture, qui s'est subtilisée, est désormais essentiellement morale. On suspend les professeurs de leurs fonctions (Quinet, 1846 ; Cousin, 1847 ; Michelet, 1848…) ; on barre aux esprits trop libres l'accès à l'Université (Taine est recalé à l'agrégation de philosophie pour péché de spinozisme[1], sa thèse sur les *Sensations* est refusée pour matérialisme hors de saison) ; on exile (Quinet, 1851) ; on calomnie. Les enseignants, les philosophes surtout, travaillent sous surveillance ; on a pu parler de « persécution intellectuelle[2] ». Nommé professeur à Nevers, Taine reçoit la visite de l'aumônier qui lui dit délicatement : « Nous nous aiderons, nous nous avertirons ; par exemple, vous me feriez savoir si un de vos élèves montrait de l'*irréligion*.[3] » Sur quoi, Taine, qui visait l'Académie française et non la couronne du héros, décida de renoncer au cours de métaphysique. Les esprits conservateurs n'étaient nullement épargnés. Ernest Bersot, disciple de Cousin et fidèle partisan de la Providence, vit les autorités académiques demander sa destitution (il est vrai sans l'obtenir) lorsque, jeune professeur à Bordeaux (1842), il eut l'imprudence de commettre un article de journal qui contraria Lacordaire. Voici une anecdote qui témoigne de la défiance académique. C'est en présence du proviseur et du recteur que les

---

1. « Vous étiez déjà suspect de *mauvaises tendances* », écrit Vacherot à Taine (*H. Taine. Sa vie et sa correspondance*, 4ᵉ éd., Paris, Hachette, 1905, p. 129 — l'auteur de cet ouvrage, qui rassemble la Correspondance de jeunesse, 1847-1853, est anonyme).

2. *Ibid.*, p. 134.

3. Lettre à Édouard de Suckau, citée *ibid.*, p. 138.

élèves de Bersot furent interrogés à l'oral de l'examen de fin d'année. L'examinateur procédait à l'interrogation lorsque le recteur, « intervenant dans l'interrogation, attaque l'hypothèse d'une faculté motrice distincte de la volonté comme entachée de matérialisme, l'origine naturelle du langage comme contraire à la foi, et engagea le professeur à s'expliquer sur ces deux points de son enseignement ». Bersot se défendit comme il put, s'abritant derrière Cousin et Jouffroy. « Comme le recteur insistait et lui demandait s'il n'admettait pas que Dieu eût enseigné le nom des choses à Adam dans le Paradis, Bersot impatienté répondit : "Ce n'est pas moi qui ai à subir ici un examen, ce sont mes élèves, veuillez vous adresser à eux". » Lors donc, « le recteur et son acolyte mirent les élèves à l'épreuve, comme pour s'assurer des ravages qu'avaient pu faire parmi eux les leçons de leur professeur, et cherchèrent à les embarrasser dans leurs réponses […][1] ». Cent ans après Bersot, enseignant en classe terminale de philosophie, je n'eus jamais à craindre une quelconque inquisition. La classe de philosophie était enfin devenue possible comme société universelle.

Elle l'est restée, je crois. La classe de philosophie est, au sein de la société française, une oasis de complète liberté intellectuelle et de tolérance absolue, tout comme, dans la société athénienne, la société que formaient autour de lui les auditeurs de Socrate. Une fracture existe entre la classe de philosophie et la société française, tout comme elle existait entre la société socratique et la société athénienne. Si, dans une société de réflexion,

---

1. Edmond Scherer, *Un moraliste. Études et pensées d'Ernest Bersot*, Paris, Hachette, 1882, p. XVIII-XIX.

le racisme peut être avancé comme une thèse relevant, comme toute autre, de la discussion et de l'examen dialectique — ce qui est d'ailleurs une condition pour en faire apparaître la fausseté (laquelle ne doit pas, lorsqu'elle est admise, rester un simple préjugé mais doit être clairement aperçue) —, dans une société d'intérêts et de passions, où le racisme ne serait plus une thèse falsifiable mais un thème de propagande générateur de haine, la tolérance ne requiert pas qu'il y soit toléré. Car, loin que tout soit tolérable pour la tolérance, elle requiert bien plutôt que les germes d'intolérance soient dans l'œuf étouffés.

Ainsi la société civile n'a nullement à être aussi tolérante que la classe de philosophie qu'elle rend possible. Il suffit qu'elle soit suffisamment tolérante pour que la classe de philosophie, comme société universelle, y puisse exister. Une société qui satisfait à ce critère a atteint le degré de tolérance que l'on peut raisonnablement exiger. C'est le cas, aujourd'hui, de la société française.

Est-ce à dire qu'après le millénaire d'intolérance dû à l'expansion et à la domination d'une religion d'exclusion (j'entends que la religion du « vrai » Dieu est exclusive de la religion des « faux » dieux), nous soyons revenus à la tolérance grecque en matière d'opinions, religieuses ou autres ? Il y a, en vérité, une grande différence. Notre société n'est pas, comme l'était la société athénienne, *certaine d'elle-même*. Et cela se traduit, au niveau des individus, par un certain doute au sujet de l'absoluité de valeur des idées fondatrices de l'idée même de tolérance. Jean-Michel Gros l'observe : « Aujourd'hui, la tolérance est devenue une idée molle : il s'agit trop souvent de muer en vertu ce

qui n'est que notre vide de conviction intellectuelle[1]. »
Les Athéniens ne doutaient pas que la civilisation athénienne ne soit, par son idéal de liberté et d'égalité (de
« droit égal à la parole », *isègoriè*[2]), supérieure en droit
à toute autre. Or, la société française d'aujourd'hui
n'ose ni se penser ni se dire « supérieure ». Il faut
pourtant bien qu'une société où règnent l'égalité et la
tolérance vaille mieux qu'une société inégalitaire et
intolérante. Cela est impliqué par le fait même de juger
préférables la tolérance et l'égalité. L'état de choses
que nous constatons résulte d'une erreur : on en est
venu à admettre que la notion d'« égalité » s'applique
aux cultures, aux civilisations, alors qu'elle s'applique
seulement aux individus (encore s'agit-il, bien sûr,
d'une égalité de droit). De là l'absurde relativisme
culturel, indiscernable du nihilisme.

III

Pour qu'une société tolérante, au lieu de sombrer
dans le masochisme et la culpabilisation, se sente fière
d'elle-même, il faut que la tolérance cesse d'être une
« idée molle ». Cela suppose une réflexion fondamentale sur l'idée de tolérance. Je verrais trois sujets de
discussion : le mot, la notion, le fondement.

1 / Le mot « tolérance ». Il convient de rappeler que
les hommes de 1789 n'aimaient guère ce mot. Il leur
semblait que la religion dominante avait *toléré* les opinions adverses lorsqu'elle n'avait pas pu faire autrement : « Dans les pays où il avait été impossible à une

---

1. *Op. cit.*, p. 35.
2. Hérodote, V, 78.

religion d'opprimer toutes les autres, il s'établit ce que l'insolence du culte dominateur osa nommer *tolérance*, c'est-à-dire une permission donnée par des hommes à d'autres hommes de croire ce que leur raison adopte, de faire ce que leur conscience leur ordonne [...][1] ».

irabeau jugeait le mot condescendant et restrictif : « La liberté la plus illimitée de religion est à mes yeux un droit si sacré que le mot tolérance, qui voudrait l'exprimer, me paraît en quelque sorte tyrannique lui-même, puisque l'existence de l'autorité qui a le pouvoir de tolérer attente à la liberté de penser par cela même qu'elle tolère, et qu'ainsi elle pourrait ne pas tolérer[2]. » Cette opinion sera souvent partagée. Pour Renouvier, il est impropre d'appeler « tolérance » le respect de la liberté religieuse, qui est « stricte justice et obligation entière[3] ». « Je n'aime pas ce mot de *tolérance*, disait Boutroux ; parlons de respect, de sympathie, d'amour[4]. » Mais ici, Boutroux se trompe : le « respect », la « sympathie », l'« amour » s'adressent aux personnes ; on n'a à éprouver rien de tel pour des opinions que l'on estime fausses ou absurdes — mais auxquelles on reconnaît toutefois le droit de s'exprimer. Je reçois souvent la visite des Témoins de Jéhovah. Je ne puis avoir aucun respect pour certaines de leurs opinions, mais je respecte leurs personnes, et je détesterais qu'on les persécutât. À dire vrai, le mot « tolérance » est peut-être fâcheux, mais, pour exprimer la même chose, on n'en voit pas un meilleur.

---

1. *Ibid.*, p. 257.
2. Cité par J. Godechot, *op. cit.*, p. 24.
3. *Science de la morale*, Paris, Ladrange, 1869, I, p. 527.
4. Cité par F. Abauzit, *Vocabulaire* de Lalande, 5e éd., p. 1111.

2 / La notion.

J. de Romilly parle de la tolérance « au sens où on l'entend couramment aujourd'hui, et qui a trait à la religion[1] ». En réalité, la notion de tolérance, aujourd'hui, ne se limite nullement à la sphère religieuse. Elle s'étend à toutes sortes d'opinions : « religieuses, philosophiques, politiques, etc. » *(Dictionnaire de notre temps*, Hachette, 1989). Elle déborde même la sphère de l'opinion, et, lorsqu'on parle de tolérance « sexuelle », « culturelle », « raciale », « sociale »[2], on risque la confusion entre les opinions et les conduites. Certaines tribus africaines sont, nous dit-on, « sexuellement très tolérantes[3] » : on fait allusion à des conduites qui, sans doute, supposent des opinions, mais la distinction n'est pas faite. On nous parle du « moment où la Cour suprême donnait aux États-Unis une leçon de tolérance en déclarant inconstitutionnelles les lois interdisant de brûler le drapeau américain[4] ». Il s'agit de la répréhension et de la répression éventuelles d'une conduite — qui a tout l'air d'une provocation ou d'un défi. Pourquoi parler de « tolérance » ? Il ne s'agit que de droit. La notion philosophique de « tolérance » doit s'entendre des seules opinions. Elle suppose qu'à côté de l'*épistèmè*, il y a le domaine de la *doxa*. Une étudiante blanche refuse de « sortir » avec un étudiant noir. Celui-ci l'accuse de racisme. Elle avait peut-être des opinions racistes. Mais cela ne résulte nullement de sa conduite, laquelle peut

---

1. *Op. cit.*, p. 116.
2. Dinesh D'Souza, *op. cit.*, p. 117, 132, 180, 181, 183, 189, 196, etc.
3. *Ibid.*, p. 117.
4. *Ibid.*, p. 204.

s'expliquer de bien d'autres façons. Sur les campus américains, observe Dinesh D'Souza, « un argument populaire est que tolérer les points de vue différents, voire déplaisants, est une bonne idée, à condition de ne pas aller jusqu'à tolérer l'intolérance. Dans cette perspective, il est considéré comme acceptable de censurer les sentiments jugés racistes, sexistes et hostiles à l'homosexualité ». « L'ennui, ajoute Dinesh D'Souza, c'est que ce raisonnement permet tout aussi légitimement de censurer Platon, la *Bible*, le *Coran*, Hobbes, Marx, Nietzsche, Dostoïevski et bien d'autres qui font preuve d'"intolérance" envers des styles de vie "déviants"[1]. » Voilà une façon de parler fort confuse : 1 /Si les « sentiments » racistes, sexistes, etc., s'expriment par des conduites (et l'injure n'est pas une opinion, mais une conduite) répréhensibles, il n'y a pas lieu d'en conclure que les opinions « racistes », « sexistes », etc., de Platon, Hobbes ou Nietzsche, seraient à « censurer » ; 2 /pourquoi mettre Platon, Hobbes ou Nietzsche ensemble avec la *Bible* ou le *Coran* ? Les premiers relèvent, éventuellement, de la réfutation, tandis que la *Bible*, le *Coran* ne relèvent ni de la réfutation ni même du jugement philosophique ; 3 /en tout état de cause, un philosophe n'a pas à « censurer » les opinions, *quelles qu'elles soient*, d'un autre philosophe, mais à les discuter.

Bref, il convient d'entendre précisément par « tolérance », au sens strict, cette liberté réciproque que les hommes se reconnaissent de croire et de dire ce qui leur semble vrai, de telle sorte que l'expression, par chacun, de ses croyances et de ses opinions n'a pour effet

---

1. *Ibid.*, p. 222.

aucune violence, mais est compatible, au contraire, avec l'état de paix.

3 /Le fondement.

Le fondement négatif de la tolérance est l'ignorance où l'homme est de la Vérité, ignorance qui fait partie de sa condition. Mais de ce que nul ne connaît la Vérité (au sujet du monde et de la vie, de la signification de l'homme), il ne résulte pas qu'un homme quelconque ait, à l'égal de tout autre, le droit de dire et de proclamer le vrai tel qu'il lui semble. La tolérance requiert donc un fondement positif dans la reconnaissance de l'égalité en droit de tous les hommes.

Il faut distinguer le domaine du savoir et celui de l'opinion. Car il y a des choses que l'on sait, ou que l'on doit ou que l'on peut savoir (les règles grammaticales, juridiques, morales, les théorèmes mathématiques, les lois physiques, les faits historiques avérés, etc.) : en ce cas, il n'y a pas lieu de parler de « tolérance ». Mais il est des domaines où l'on ne connaîtra jamais la Vérité ; d'autres où l'incertitude subsistera toujours. Quelle religion est la vraie ? ou ne serait-ce pas l'athéisme ? Quelle métaphysique est la vraie ? Quelle cosmologie ? Quel régime politique est le meilleur ? la démocratie ? à la française ? à l'américaine ? à l'espagnole ? Quelle éthique est la meilleure ? Où est le bonheur ?, etc. Par la méditation, chacun peut, en suivant son chemin, arriver à « sa » vérité ; mais, par là même, il fait droit à un scepticisme de fond qui seul est universel.

Les hommes, donc, du moins sur les questions fondamentales (et, en premier lieu, sur la signification — ou absence de signification — de la mort), sont ignorants et égaux en ignorance. Les croyants doivent reconnaître qu'ils croient (faussement peut-être) et ne *savent* pas.

Si, dans le monde, tous ceux qui croient reconnaissent qu'ils ne font que *croire*, ne sont nullement *certains*, ce sera un premier pas vers la tolérance universelle. Mais il faut un pas de plus. La Vérité avec un grand « V », disons-nous, ne se donne à personne ; mais, d'un autre côté, la vérité se donne à chacun. Car chacun pense et parle sous l'idée de vérité (et, lorsqu'il ment, il se dit d'abord la vérité à lui-même pour la travestir ensuite). Le « bon sens », nous dit Descartes (reprenant une pensée de Montaigne, II, XVII, p. 657, Villey), « est la chose du monde la mieux partagée ». En effet : « La puissance de bien juger, et distinguer le vrai d'avec le faux, qui est proprement ce qu'on nomme le bon sens ou la raison, est naturellement égale en tous les hommes » (*Discours de la méthode*, première partie, début). Si toutefois Descartes manque à reconnaître, dans cette observation initiale, le fondement possible, par-delà la diversité des morales collectives (relatives aux sociétés particulières), de la morale universelle (de telle sorte, l'eût-il reconnu, qu'il n'eût eu nullement besoin de se donner ensuite une « morale par provision »), cela tient à ce qu'il conçoit le *Cogito* comme un acte solitaire, à l'écart du dialogue. S'il eût conçu le *Cogito* comme un *Cogitamus*, il eût vu que, dans la relation dialogique, l'égalité des hommes dialoguant (égalité eu égard à leur capacité de juger du vrai ou du faux) ne leur vient pas par l'effet de la réflexion extérieure du philosophe, mais est déjà évidente pour chacun des interlocuteurs du fait même de dialoguer : « Dans toute conversation, dans tout dialogue, chacun considère, en principe, l'autre homme comme également capable de vérité et libre, donc le considère *comme un égal* », écrivais-je dans *Le Fondement de la morale*[1]. Que cette vérité du dialogue recèle en elle tous les éléments essentiels de la morale universelle, c'est ce que j'ai tâché de montrer dans ce livre. Or, qu'est-ce que la tolérance et son contraire sinon, d'un côté, l'acceptation, de l'autre le refus du dialogue — ce qui veut dire aussi : d'un côté le refus, de l'autre l'acceptation de la violence. L'intolérance signifie rejet de l'autre, mépris, état de guerre ; la tolérance signifie respect des personnes, coexistence pacifique des opinions, libre épanouissement des « cent fleurs ». La lumière qui éclaire l'intolérant est une dans la nuit ; la lumière qui éclaire le tolérant n'est qu'une parmi d'autres.

La classe terminale de philosophie, disais-je, donne l'exemple et le modèle d'une société absolument tolérante. Or, par le fait que la discussion, le dialogue maître-élèves supposent la classe comme réalité morale, « où règnent le respect des personnes, des convictions, la tolérance et l'esprit de paix, on ne saurait, soit dans le cours, soit dans la discussion, contester ces valeurs. Et donc, on ne saurait laisser la morale au libre choix de chacun. La classe de philosophie, par elle-même, si elle est ce qu'elle doit être, implique l'adhésion collective à une morale universelle[2] ». Cette observation peut être généralisée. Les interlocuteurs, dans le dialogue, adhèrent par là même à la morale que le dialogue suppose et qui est universelle (puisque les hommes peuvent dialoguer simplement en tant qu'hommes, quelles que soient leurs particularités religieuses, nationales, eth-

---

1. PUF, 1993.
2. *Vivre et philosopher*, PUF, 1992, p. 191; Le Livre de Poche 2011.

niques, etc.). Qu'en est-il alors de la tolérance ? Elle n'est plus seulement, aujourd'hui, la permission condescendante laissée à l'autre de penser autrement. Elle a, à notre époque, une signification positive : elle signifie l'acceptation du dialogue, fût-ce par ceux-là mêmes dont les croyances s'opposent. De ce fait, elle implique, par-delà les éthiques particulières et les morales collectives, l'adhésion à une morale universelle.

1993.

5

Signification de la nature : le réconfort

Au Congrès des Sociétés de philosophie de langue française de Toulouse, en 1956, je présentai une communication intitulée : « La souffrance des enfants comme mal absolu[1]. » J'entendais par mal « absolu » un mal tel qu'en aucun cas il n'est compatible avec l'existence du Dieu tout-puissant et bon de la tradition monothéiste. Je voyais un tel mal dans la souffrance des enfants martyrisés, que ce soit par la nature ou par les hommes. D'un côté, le Dieu bon, de l'autre Auschwitz, Hiroshima, qui sont, pour moi, ce qu'était pour Voltaire le tremblement de terre de Lisbonne. À l'époque de ma vie dont je parle, le problème de Dieu se posait encore pour moi, même si le temps où j'avais vécu un athéisme inquiet était déjà passé. Dans les années suivantes, la pensée de Dieu alla en se dissolvant et se dissipant. « Dieu » ne fut plus qu'un mot vide. Dieu ? « Il n'y a rien de tel »,

---

1. Cf. J.-M. Gabaude, *Un demi-siècle de philosophie en langue française (1937-1990)*, Montréal, Ed. de Montmorency, 1990, p. 55. Cette communication a été reprise dans l'*Orientation philosophique*, Paris, PUF, 1990, p. 45-59.

dit Nietzsche[1]. Je me convainquis que la notion du Dieu transcendant, qui, du reste, s'était introduite dans la culture occidentale par une voie qui ne devait rien à la philosophie, que cette notion, dis-je, n'avait, précisément, rien à voir avec la philosophie[2]. Dès lors, je m'efforçai de libérer mon esprit et ma vision du monde de ce qu'ils devaient à mon éducation chrétienne et catholique. Dans cette mesure même, je pus à nouveau vivre dans un monde où il y a tant de maux sans ce sentiment d'absurdité, qui, auparavant, me taraudait et mortifiait ma vie. Pour trouver la sérénité et le bonheur, que j'ai effectivement eus au cours de ma vie, j'ai dû me libérer de mon être judéo-chrétien, me refaire une personnalité intellectuelle et morale par un retour à la nature — et à la raison —, c'est-à-dire aux Grecs. « Le moi est haïssable », dit Pascal. Mais il ne s'en est pas libéré. Il n'est que de voir le fragment 194 des *Pensées* (éd. Brunschvicg) sur l'immortalité de l'âme. Se libérer du judéo-christianisme, c'est aussi se libérer de l'« âme immortelle » et se libérer du moi. Et, bien sûr, c'est se libérer de ce sentiment de culpabilité, qui, en 1961 encore, lorsque je parlais sur ce thème au Congrès de Montpellier, me paraissait lié à l'existence même[3].

---

1. « Il n'y a pas de Dieu », *Fragments posthumes*, printemps-automne 1884, trad. J. Launay, in *Œuvres philosophiques*, Gallimard, t. X, 1982, p. 96-103.

2. Cf. « Le problème de la signification du mot "Dieu" », dans *Le Langage*, Actes du XIIIe Congrès des Sociétés de philosophie de langue française, Neuchâtel, La Baconnière, 1966, p. 19-23.

3. Ma communication « Existence et culpabilité », publiée, sous sa forme développée, par la *Revue de théologie et de philosophie*, Lausanne, 1963, n° 3, p. 213-226, a été reprise dans l'*Orientation philosophique*, éd. citée, p. 61-80.

Tout cela entraîna, pour moi, une réévaluation de la philosophie moderne, de celle qui commence au moi, au *Cogito* de Descartes, et qui, dans la mesure de son non-affranchissement à l'égard du christianisme, ne me parut pas mériter, autant que je l'avais cru jusqu'alors, le titre de « philosophie »[1].

Que signifie ce retour à la nature, auquel je dois d'avoir dépassé l'inquiétude, du moins religieuse ? Et que signifie pour moi la nature, pour que ce retour à la nature soit perçu comme un bienfait ? Le philosophe s'interroge sur l'« origine radicale des choses » (Leibniz). Si ce n'est pas Dieu, ou le divin, que vous mettez à l'origine, ce ne peut être que la nature. Si vous voyez en elle le principe ingénéré de toute génération, la source invieillissable de tout ce qui vieillit, le commencement qui n'a pas commencé de tout ce qui commence, la cause éternelle de tout ce qui ne paraît qu'un moment sous le soleil, cela ne la distingue pas de Dieu : ce que nous disons d'elle peut se dire de Dieu. Alors, où est la différence ? Dieu *prévoit*. D'avance, il savait. Mais Auschwitz. « Quel Dieu a pu laisser faire cela ? », demande Hans Jonas[2]. Oui : *quel* Dieu ? « Dieu » : effaçons plutôt le mot et la chose. Auschwitz efface Dieu. La nature ne prévoit rien. Aussi est-elle la *natura creatrix* dont parle Lucrèce. Car, pour créer, encore faut-il ne pas voir à l'avance ce que l'œuvre sera ; sinon, ce n'est que produire ou fabriquer. Le Dieu de la *Genèse* ne fut qu'un artisan, non un artiste.

1. Cf. *Vivre et philosopher*, Paris, PUF, 1992, chap. 16.
2. *Le Concept de Dieu après Auschwitz*, trad. Ph. Ivernel, Paris, Éd. Payot & Rivages, 1994, p. 13.

Si la nature, cause de toute génération, est une cause aveugle, qui donne le jour sans savoir à quoi, elle est irresponsable et sans reproche. Elle ne saurait donc contrarier notre sérénité, notre γαληνισμός, comme dit Épicure (*À Hérodote*, 83). Mais cela n'est encore que négatif. Je dis que la nature m'apporte le « réconfort » — j'entends d'une manière positive. Et, ici, plutôt qu'aux mots grecs παραψυχή, ou même παραμυθία, qui signifient « consolation », je songe au mot latin *confortari* : soutenir le courage. La nature soutient mon courage. Pour expliquer cela, il me faut distinguer deux côtés, ou aspects, de la notion de « nature » : 1/ La nature comme « ensemble des choses » (Des Places, *Lexique* de Platon, s.v. φύσις). Tel est le sens du mot dans des expressions comme περὶ φύσεως ἱστορία, « enquête sur la nature » (Platon, *Phédon*, 96 *a* 7), περὶ τῆς ὅλης φύσεως, « sur la nature dans son ensemble » (Aristote, *Métaphysique*, A, 6, 987 *b* 2), περὶ φύσεως θεωρία, « étude de la nature. » (Épicure, *À Hérodote*, 35), sens que l'on retrouve dans le *Discours de la méthode* de Descartes, où il veut nous rendre « comme maîtres et possesseurs de la nature » — on sait ce que cela a donné —, dans telle ou telle *Pensée* de Pascal, ou chez Voltaire, lorsqu'il écrit : « Votre nature n'est qu'un mot inventé pour signifier l'universalité des choses » (cité par Littré, s.v.). 2/ La ψύσις comme force productrice, génératrice — conformément au sens de ψύω, pousser, faire naître, faire croître —, la force qui fait naître et croître les vivants, donc une force de vie, une force aveugle de vie. Le mot, en ce sens, se trouve chez Anaximandre, Héraclite (fr. 123 Diels-Kranz), Empédocle (fr. 8 DK). C'est aussi le sens dominant dans l'analyse d'Aristote, au livre Δ, chap. 4, de la *Métaphysique*, ψύσις : le mot signifie, dit Aristote : 1/ la « génération » (γένεσις) de ce qui croît ; 2/ le germe d'où naît ce qui croît ; 3/ le principe interne de changement pour les êtres dits « naturels ».

En quoi la nature, comme « ensemble des choses », est-elle, pour moi, source de calme et de réconfort ? Elle est ignorance de soi et de nous. Dans cette immensité qui s'ignore et qui m'ignore, que suis-je ? Les immensités sidérales, vides de sens, disent l'insignifiance de l'homme, le néant de l'homme, le néant du sens. « Le silence éternel de ces espaces infinis m'effraie », dit Pascal (fr. 206 Br.). Il parle pour lui-même. Devant l'univers désespérément muet, il a un doute : et si, après tout, il n'y avait pas de Dieu ? s'il n'y avait rien ? Tel est le doute pascalien, bien différent de celui de Descartes, qui, lui, ne doute pas vraiment, ne fait que faire semblant : son doute, n'étant que « méthodique », n'est qu'un procédé. On a supposé que Pascal, dans l'*Apologie*, entendait mettre ces mots, « le silence éternel de ces espaces infinis m'effraie », dans la bouche de l'athée. Non. Car ce silence rassure. Il est la sécurité de l'athée. Il lui apporte paix et sérénité. L'infinité qu'il y a n'est pas l'infinité écrasante de Dieu, mais l'infinité soulageante de la nature. « Qu'est-ce que l'homme dans la nature ? », demande Pascal. Et il dit aussi : « Qu'est-ce qu'un homme dans l'infini ? » (fr. 72 Br.). C'est la même chose. Mais il rêve, lui, d'un infini tout autre. Il en rêve, veut y croire — cela parce qu'il veut que le moi ne soit pas rien, qu'il n'y ait pas, au bout de la vie, la dissolution. L'athée se contente, lui, du « faux infini » de l'infinité répétitive. Il lui plaît que nul, nulle part, n'ait souci de lui. L'homme, alors, n'a plus rien qui le détourne de l'autre homme, lui fasse porter son regard ailleurs. Toi, mon ami(e), tu ne regardes que vers moi — ou vers d'autres humains. Tu es mon salut et ma chance, et réciproquement. À l'horizon, la mort, la *mors aeterna* de Lucrèce ; mais, en attendant, pour un moment, la vie. L'homme n'est qu'« un néant à l'égard de l'infini ». Soit ! De cette pensée du néant naît un singulier repos : cela se conçoit. Mais pourquoi un singulier courage ? C'est le courage de celui qui est au pied du mur. Il n'existe pour personne. Alors il peut s'abandonner, laisser couler sur lui la vie. Ou il peut relever le défi de la mort, et chercher à donner à la vie une valeur qu'elle n'a pas d'elle-même. Autour de l'homme, rien. L'homme, alors, peut choisir le repos de la plaine. Mais il peut aussi aimer les sommets. Car l'homme est l'être qui s'invente lui-même. Telle est la signification ontologique du courage.

J'en viens au second point. En quoi la nature comme *physis*, au sens des Grecs archaïques, est-elle source pour moi de réconfort ? Avant tout, je précise une chose. J'ai associé, tout à l'heure, les notions de « réconfort » et de « calme ». Mais le réconfort dont je parle maintenant est un réconfort inquiet. Réconfort, oui, mais inquiet. La φύσις comme force de vie est la force génératrice de tous les êtres. Tous les êtres, selon Anaximandre, sont une production de la φύσις. L'univers sans bornes, aux astres innombrables, est un univers de mort. Mais, au sein de l'univers de mort, existe un univers de vie, composé non d'îlots de matière mais d'innombrables mondes vivants. Entre ces deux univers, un point commun : de même que la

nature matérielle s'ignore et nous ignore, de même ces
mondes, qui font la vie de la nature, s'ignorent mutuel-
lement et nous ignorent. Ce sont, en effet, des mondes
clos[1]. Le monde de la mouche et celui de l'abeille
ne communiquent pas. La mouche, par exemple, n'a
affaire qu'à des significations « mouche » : l'abeille
n'est représentée dans son monde qu'à titre de signification « mouche ». Il est impossible à la mouche de
« voir » le monde en abeille ; il nous est impossible
de voir le monde en chat, en chien, en mouche ou en
abeille. Certes, l'homme, à la différence de la mouche,
peut connaître l'abeille. Mais connaître l'abeille n'est
pas connaître le monde de l'abeille ; car connaître,
c'est objectiver, et un monde est sujet. Ainsi, si nous
songeons aux espèces innombrables qui peuplent la
Terre, nous nous trouvons devant un nouvel infini, non
plus un infini d'extension, mais un infini de richesse
et d'intensité (d'intensité car, parcourant l'univers des
espèces, on trouve tous les degrés d'activité, d'énergie, de puissance). « Qu'est-ce qu'un homme dans
l'infini ? », demande Pascal : ce n'est plus l'infinité de
la nature matérielle, c'est l'infini de la vie ; mais la
question demeure. Comment expliquer ici le réconfort
que j'en ressens ? Ce serait expliquer pourquoi j'aime
planter des arbres, et, de préférence, des arbres à
longue vie, à long avenir, tels que des chênes ou des
hêtres. La mort s'approche de moi. Mais, de même
que je relève le défi de la mort par mes livres — car
mes livres, qu'ils doivent durer ou non (et certes, à la

---

1. Cf. *L'Aléatoire*, Éd. de Mégare, 2e éd., 1990, chap. VIII,
« L'aléatoire cosmique ».

longue, ils ne dureront pas), ne sont pas de la nature
de l'éphémère : ils sont faits pour durer —, je le relève
par mes plantations, à l'imitation de Voltaire, non loin
d'ici, à Ferney. Le réconfort est de penser qu'après
ma vie, et même après la vie humaine, il y aura encore
la vie. Et le courage est de vouloir au-delà de soi, dans
le risque. Car bien des hasards peuvent faire que l'on
ait travaillé pour rien. Mais il faut toujours travailler
comme si ce n'était pas pour rien.

J'ai parlé d'un réconfort « inquiet ». Vous voyez per-
cer mon inquiétude. La φύσις, qui se manifeste par la
venue au jour de tous les êtres, est, pour Anaximandre,
« éternelle et sans vieillesse » (ἀίδιος καὶ ἀγήρως;
cf. 12 A 11 Diels-Kranz). « Éternelle »? Est-ce bien
sûr? Et si la puissance de vie et de renouvellement de
la vie disparaissait de l'univers? Si, un jour, il devait
ne plus y avoir de vie nulle part, mais seulement des
espaces et des astres stériles? Tel est le doute écologique (« écologique », car concernant les conditions
d'existence d'êtres vivants). La nature, comme force de
vie, est fragile. Il faut aider cette force de notre force, et
prendre son parti contre l'homme, lorsque, voulant se
faire son « maître », il se fait son ennemi.

Que conclure? Alors que le Dieu chrétien signifie une promesse de vie éternelle pour l'individu, la
nature signifie, pour ce même individu, la mort. Mais
la mort, étant un non-être, ne saurait être un mal, dit
Épicure. Soit! Reste le ne plus vivre, la cessation de
ce bien qu'est la vie, condition de tous les biens. Reste
le mourir, qui est, certes, un mal par l'agonie et la souffrance. Restent les maux innombrables qui affligent
les hommes, qu'ils viennent de la nature, du hasard ou
des aberrations de la volonté. Mais, alors que la théo-

dicée leur cherche une justification impossible, ils ne sont plus l'objet d'aucune justification. Car la Nature est aveugle, et la Fortune (la τύχη) a un bandeau sur les yeux. Alors vaine est toute plainte et toute prière. Il n'y a d'autre Providence pour l'homme qu'une Providence humaine.

1994.

6

Devenir grec

Philosopher me semble être la seule activité normale de l'homme : de l'homme quelconque, j'entends sans génie particulier, mais aussi bien de l'homme de génie (de l'artiste, du poète) en tant qu'il est, vivant et mourant, un homme comme un autre ; car ce qui est normal pour l'homme, ce n'est pas — pas simplement — de manger, de boire, de dormir, d'aimer, toutes choses que les bêtes font aussi, ce n'est pas de vivre — de se borner à vivre —, ni de travailler pour manger et de manger pour vivre, mais c'est de ne pas vivre sans réfléchir, c'est-à-dire sans se demander ce qu'il fait au monde, ce qu'est le monde, ce que signifie la vie — bref, ce qui est normal pour l'homme, c'est de ne pas vivre sans philosopher. Devenir normal, c'est devenir philosophe : je raconte maintenant comment devenir philosophe, cela a signifié pour moi devenir grec.

Le normal n'est pas le général mais l'exception. Le général, c'est le collectif. L'individu est d'abord le produit d'une collectivité, où, par une éducation de caractère traditionnel, non rationnel, il est formé à la particularité, aussi loin de la singularité, qu'il n'atteindra peut-être jamais, que de reconnaître le primat des valeurs universelles. Le philosophe aura dû devenir singulier, et, pour cela, briser avec les jugements tout faits, les valeurs établies, les impératifs d'une société close, parce qu'il aura fait le choix de la raison, c'est-à-dire de l'universel. La raison attend, en chacun de nous, qu'on la choisisse ; elle est la puissance de rejet, de questionnement, de liberté, inhérente à chacun de nous. Car tout individu humain a vocation à devenir philosophe ; et pourtant, que l'homme devienne philosophe, la pression de la collectivité est telle que cela n'arrive presque jamais. Et, en tout cas, cela n'était jamais arrivé avant l'invention de la philosophie par les Grecs, et avant que les Grecs n'apprennent au monde l'identité de la liberté et de la raison — la raison étant conçue, dans sa réalité, comme la raison concrète d'un homme libre.

Montaigne le constate : « Nous sommes Chrestiens à mesme titre que nous sommes ou Perigordins ou Alemans » (II, XII, p. 445, Villey). Étant né en pays chrétien, dans une famille catholique, alors que, d'une part, s'éveillait mon pouvoir de réflexion et s'avérait, dès ma prime adolescence, ma vocation philosophique, d'autre part, j'avais affaire aux notions de « Dieu », d'« âme », d'« immortalité de l'âme », de « péché », de « repentir », d'« amour du prochain », etc., qui, par l'effet de la pression et de l'imprégnation éducatives, avaient gagné une sorte d'évidence. De ce fait, l'effort initial de ma réflexion ne porta pas sur les évidences primordiales de la vie, mais sur ces objets culturels que la religion lui proposait du dehors. J'examinais les « preuves » classiques de l'existence de Dieu aussi bien que les arguments de l'apologétique pascalienne, persuadé du sérieux d'un tel examen. Mais ma raison me pressait d'écarter l'idée de transcendance. La souffrance des enfants, considérée comme un mal « absolu », me parut constituer un argument invincible à toute théodicée. Dieu sans Providence me paraissant inconcevable, j'en écartai la notion. Je me retrouvai athée, pour la plus grande satisfaction de ma raison, peut-être aussi pour ma satisfaction personnelle, car, dès la naissance de ma vocation, je souhaitais sans doute me départir des objets culturels. Mais ce n'est pas parce que l'on est athée que l'on cesse d'être chrétien. Eric Weil, ayant lu mon article « Existence et culpabilité », déclara que j'étais encore chrétien en esprit. Car l'on est chrétien si l'on croit en Jésus-Christ. Et, cessant de croire en Dieu, on peut encore croire en Jésus-Christ, j'entends en la valeur de son message. Plus profondément que les idées dogmatiques, l'imprégnation éducative avait déterminé les ressorts mêmes de ma vie morale, sur le fond des évidences chrétiennes : prenant comme mesure l'amour que l'on doit, à l'exemple de Jésus-Christ, avoir pour le « prochain », à savoir même pour l'ennemi, celui que, précisément, l'on n'aime pas, je me sentais toujours en faute ; j'étais dans un perpétuel état d'auto-accusation. Le christianisme avait signifié et signifiait pour moi la souffrance : souffrance de la raison, car l'idée de Dieu n'est pas claire, les « preuves » ne prouvent pas, les témoins sont douteux, les miracles impossibles — mais, à une telle souffrance, j'avais mis fin en écartant l'idée de Dieu, dont je soutenais désormais qu'elle n'avait de sens que si l'on admettait la Révélation, donc seulement pour et par la foi ; ensuite souffrance de l'âme et du cœur, de me vivre comme « pauvre pécheur », c'est-à-dire toujours avec une idée déprimante de moi-même.

Or, à côté de la religion qui m'était souffrance, la philosophie signifiait pour moi le bonheur, et, jour après jour, me donnait ce bonheur. Mais quelle philosophie ? La philosophie moderne dominante — avec, notamment, la grande synthèse hégélienne, que j'étudiai sous la direction d'Eric Weil — entrava longtemps ma réflexion. Mais il manquait à mon bonheur je ne savais quoi. Je ne m'apercevais pas que mon insatisfaction résultait de ce que cette philosophie, qu'il s'agisse du cartésianisme, du kantisme ou du hégélianisme, était une sorte de compromis entre la raison et la religion, une sorte d'éclectisme qui avouait sa vraie nature chez Victor Cousin et Hegel, de sorte que ni la raison ni la religion, de par les lâchetés ou les concessions qu'elles devaient consentir, ne pouvaient se déclarer satisfaites, non, certes, que la philosophie moderne puisse être dite, à proprement parler, une philosophie « chrétienne », mais elle était élaborée par des chrétiens — qui entendaient rester tels. Mon insatisfaction, qui tenait, donc, à ce que les philosophies dont je parle ne correspondaient pas à l'idée que je portais en moi de la philosophie authentique, m'amena à chercher ailleurs, et du côté de ces philosophes que l'Université, dominée par le spiritualisme chrétien, laissait soigneusement en dehors des cours et des programmes, tels Montaigne et les philosophes grecs, qui, pour elle, à l'époque, se réduisaient aux Platoniciens et aux Stoïciens. C'est ainsi que, sans autre impulsion qu'une vive exigence d'authenticité, je découvris Montaigne, puis Lucrèce, Épicure, les Sceptiques, avant de travailler, plus tard, sur les Présocratiques. Je m'aperçus que Montaigne tenait Socrate pour une plus haute figure que Jésus-Christ ; je constatai que, l'évangile étant impuissant à modifier le cœur de l'homme, de fait il n'y avait pas de chrétiens ; je me demandai, enfin, s'il y avait un sens à proposer aux hommes, comme Jésus-Christ, un idéal impossible. Mais surtout, dès lors que j'abandonnai l'idéal chrétien, j'abandonnai aussi la sombre vision pascalienne du cœur humain comme, dit-il, « creux et plein d'ordure » (fr. 143 Brunschvicg) ; je sentis croître mon estime de l'homme et du cœur humain. Montaigne me parut plus raisonnable, plus sain que tous autres modernes ; et cette santé de l'âme, qui avait nom « sagesse », me renvoya à ses modèles, les sages grecs, qui furent aussi les miens.

Je parle de celui que j'étais il y a vingt ans à peu près. Je ne songeais pas encore à « devenir grec ». Mais, peu à peu, sous l'influence, peut-être, de Heidegger, il me sembla que nous ne comprenions pas, que je ne comprenais pas les Grecs, et que l'on ne pouvait les comprendre du dehors, mais qu'il fallait, autant que possible, vivre et penser en Grec. Alors tant de choses sont à rejeter que le monothéisme, les théologies et les métaphysiques idéologiques ont ajoutées à la vie telle qu'elle s'offre, dans son évidence et sa primordiale simplicité ! Telles les notions de « Dieu », d'« âme immortelle », de « création du monde », de « royaume du Ciel », et autres notions plus ou moins sublimes, mais que, sans même parler des mystères chrétiens proprement dits, la raison, d'elle-même, abstraction faite du mythe et de la Révélation, ne trouvera jamais ; mais aussi les notions philosophiques liées à l'idéalisme moderne, telles celles de « sujet », de « représentation », ou autres notions corrélatives de celles-ci. Le *cogito* cartésien, quoique pour les rejoindre ensuite, nous sépare d'abord des choses, ne nous laissant que leurs images. Il faut oublier le *cogito*, se convertir à l'immédiateté de la saisie du monde, de ce bel ordre dont la nature nous fait présent. Cela ne me fut pas facile, à moi dont le premier travail portait sur le *cogito* cartésien, et qui m'étais longtemps égaré dans les philosophies de la représentation.

Suis-je devenu grec ? Je m'y efforce seulement. Mais peut-être ne voyez-vous pas clairement ce que j'entends par « devenir grec ». Il y a bien des philosophies grecques, et, à vrai dire, comme les Grecs furent, au plan de la pensée, plus libres que ne le furent jamais les modernes, les philosophies grecques sont plus rigoureusement logiques et plus extrêmes que les philosophies modernes ne pouvaient l'être. Aucun moderne n'atteint au scepticisme d'Enésidème ; aucun matérialisme moderne n'a la pureté de celui de Démocrite. « Devenir grec » ne saurait signifier adhérer à telle philosophie plutôt qu'une autre : c'est bien plutôt assumer ce que les Grecs ont en commun. De même que les peuples instruits dans les religions monothéistes ont leurs Livres fondateurs, les Grecs ont eu leur Livre. Homère, a-t-on dit, fut la « Bible des Grecs[1] », en ce sens que les Grecs s'instruisaient, se formaient par la lecture d'Homère, et bien que l'épopée homérique n'ait rien de sacré, ni de canonique, ni de dogmatique. Le Poète a été l'« instituteur » de la Grèce, nous dit Platon (τὴν Ἑλλάδα πεπαίδευκεν, *République*, X, 7, 606 *e*). Il l'a été « dès l'origine » (ἐξ ἀρχῆς), observe Xénophane, au VIᵉ siècle (fr. 10 Diels-Kranz). Il l'est, bien sûr, aux temps classiques et hellénistiques, alors que l'enfant, dès l'une de ses premières leçons d'écriture, copie : « Homère n'est

1. Félix Buffière, *Les Mythes d'Homère et la pensée grecque*, Paris, Les Belles Lettres, 1956, p. 10.

pas un homme, c'est un dieu », et lorsqu'une mère qui demande au précepteur de son fils où en est l'enfant s'entend répondre : « Il étudie le VIᵉ », τὸ ζῆτα — le chant VI de l'*Iliade*[1]. Mais au temps du plein éclat de la civilisation romaine, Homère est encore l'α et l'ω de l'éducation, le classique absolu : Héraclite, l'auteur des *Allégories* d'Homère, que Reinhardt situe au temps d'Auguste et de Néron[2], écrit : « Dès l'âge le plus tendre, à l'esprit naïf de l'enfant qui fait ses premières études, on donne Homère pour nourrice [...] Nous grandissons et il est toujours avec nous [...] Pas une fois, jusqu'à la vieillesse, il ne nous inspire la moindre lassitude : à peine l'avons-nous quitté que de nouveau nous avons soif de lui ; on peut dire que son commerce ne prend fin qu'avec la vie » (1, 5-7) ; un peu plus tard, au siècle des Antonins, Dion Chrysostome peut dire : « Homère est le commencement, le milieu et la fin, pour tout enfant, tout homme, tout vieillard, car, de son propre fond, il donne à chacun la nourriture dont on a besoin » (disc. XVIII, p. 478 Reiske). Ainsi Homère sous-tend toute l'éducation grecque, du début à la fin. Un personnage du *Banquet* de Xénophon (III, 5), Nikoratos, déclare que son père, désirant qu'il devienne un homme accompli, ἀνὴρ ἀγαθός, le força à apprendre tout Homère par cœur[3]. De nombreux indices donnent à penser que les philosophes, tels Socrate, Platon, Aristote, Épicure, Pyrrhon, mais aussi Héraclite et Parménide, savaient, à tout le moins, bien des passages d'Homère par cœur.

1. Henri-Irénée Marrou, *Histoire de l'éducation dans l'Antiquité*, Paris, Seuil, 1965, p. 247.

2. *Realencyclopädie* Pauly-Wissowa, art. « Heraclitus ».

3. Cf. H.-I. Marrou, *op. cit.*, p. 40.

Je ne sais pas Homère par cœur, mais cependant, en accord avec le propos de Dion Chrysostome qu'Homère donne à chacun « la nourriture dont il a besoin », j'y trouve ce dont j'ai besoin et que je ne trouve pas dans les Saintes Écritures, à savoir ce qui me permet chaque matin de vivre jusqu'à la fin du jour. Devenir grec signifie donc s'éduquer en Homère. Bien sûr, lorsqu'il s'agit d'un homme âgé, qui refait son éducation en suivant Homère, il ne peut qu'y trouver tout autre chose que ce qu'un enfant grec en recevait. Les naïvetés et les fictions poétiques sont, en effet, prises pour ce qu'elles sont et non comme reflétant la réalité. La poésie n'est que la gangue chatoyante et belle dans laquelle s'abrite la vérité de l'homme.

Me comprend-on ? « Devenir grec » signifie devenir fidèle à l'esprit grec. Par « esprit grec », il faut entendre ce qu'il y a toujours eu de foncier dans l'éducation du Grec. Or, le fond de l'éducation grecque a été — je reprends les mots de Nietzsche — l'« estimation inconditionnelle d'Homère[1] ». Devenir grec, c'est donc devenir fidèle à Homère en esprit. Or, disais-je, devenir « normal », c'est devenir philosophe, et devenir philosophe, comme je l'entends, c'est devenir « grec », entrer dans la lumière grecque. Et voici que, maintenant, cela signifie devenir libre servant d'Homère, que, d'ordinaire, l'on ne considère nullement comme philosophe, la philosophie étant censée commencer à Thalès et Anaximandre. Je n'invoquerai pas le fait que les Anciens ont pu considérer Homère comme un philosophe, car la question n'est pas de savoir si Homère

---

1. *La Naissance de la tragédie. Fragments posthumes*, trad. franç., Paris, Gallimard, 1977, p. 193.

« est » ou non philosophe, mais si j'y trouve la philosophie qui me convient, à savoir celle qui me permet de penser la vie de manière à pouvoir la vivre.

Or, c'est un fait qu'Homère est pour moi le maître en courage et en sérénité. Je l'ai expérimenté lorsque, il y a déjà une vingtaine d'années, souffrant sur un lit d'hôpital, avec la crainte de la mort, je ne pouvais lire que l'*Iliade*, ne trouvant aucune aide ailleurs. Homère m'apprend, nous apprend à regarder la réalité en face, et, pour l'homme, à être à la hauteur de sa condition, qui est de mourir. « Oh! ne me farde pas la mort, mon noble Ulysse! » (*Odyssée*, 11.488) : ces mots, dans l'Hadès, de l'ombre d'Achille — de l'ombre de ce qu'il était — disent le refus de toute illusion, la volonté de lucidité, qui est celle même d'Homère. La réduction homérique écarte tout ce que les religions et les philosophies ajoutent pour nous dorer la pilule de la vie. Il n'y a plus que la vie, sans plus, dans son évidence de buter sur la mort qui « tout achève » (*Iliade*, 5.553 ; 11. 451, etc.). Nous mourrons, il faut en prendre notre parti ; aucune promesse d'immortalité n'a été faite à l'homme, aucune espérance qui aille au-delà de cette vie brève n'a de portée. Devenir grec, c'est devenir mortel, bannir toute espérance de vie future — du moins d'une vie qui ne soit pas sans chair ni sang, une vie en image. On a parlé de « pessimisme radical[1] ». Mais refuser de s'en laisser conter au sujet de la vie, la voir comme elle est, sous l'horizon de l'horreur finale, est-ce être « pessimiste » ? « L'Hellène, dit Nietzsche, n'est ni optimiste ni pessimiste. Il est essentiellement *viril* ; il voit les choses terribles telles qu'elles sont et ne se les dis-

---

1. H.-I. Marrou, *op. cit.*, p. 41.

simule pas[1]. » Cependant, certains des héros d'Homère expriment le regret d'être nés : ainsi Achille souhaitant que Pélée, son père, ait eu une autre épouse que Thétis, qui fut sa mère (*Il.*, 18.86-87), ou Andromaque, qui s'exclame, parlant de son père : « Ah! qu'il eût mieux valu qu'il ne m'eût pas fait naître! » (*Il.*, 22.481.) « Le plus enviable de tous les biens sur terre est de n'être point né, de n'avoir jamais vu les rayons ardents du soleil », dira Théognis (425-426, trad. Carrière). Il est difficile, lorsque existe le regret d'être né, de ne pas parler de « pessimisme ». Il y a un pessimisme de Théognis. Mais le « pessimisme » d'Achille et d'Andromaque, l'un après la mort de Patrocle, l'autre après la mort d'Hector, n'est pas un trait constant, et il est difficile de l'attribuer à Homère. Peut-être aussi parce que, ne connaissant pas le regret — car on ne peut rien changer à ce qui a été —, je n'éprouve pas le regret d'être né, je préfère donc voir Homère, avec Nietzsche, comme « essentiellement viril », et retenir une leçon à la fois de lucidité et de courage. Il faut vivre la vie sur le fond d'une décision résolue.

L'éthique d'Homère me satisfait autant que sa morale. L'éthique, ou sagesse, répond à la question : à quoi bon la vie? Quant à la morale, elle concerne ce que l'on doit à autrui. L'éthique de l'*Iliade* — c'est elle surtout que j'ai en vue — est une éthique de la « gloire », entendant par là que la vie a un sens par les signes qu'on laisse pour les hommes de l'avenir. Le risque que les hommes qui viendront après n'aient pas de mémoire, ce risque, Homère ne l'envisage pas. La

---

1. *La Volonté de puissance*, trad. G. Bianquis, Gallimard, 1948, t. II, p. 333 (= *La Naissance de la tragédie*, éd. citée, p. 212).

geste des héros est magnifiée par le chant du Poète, et il appartient à ce chant de traverser les âges. Hector sait qu'il va mourir de la main d'Achille. Mais : « Je n'entends pas mourir sans lutte ni sans gloire (κλέος), ni sans quelque haut fait, dont le récit parvienne aux hommes à venir » (*Il.*, 22.304-305, trad. Mazon). L'exploit ne serait rien sans le chant du Poète, et donc le héros lui-même ne serait rien sans le Poète. Le héros opère une transmutation de la mort. Alors que la mort, d'elle-même, est absurde, ne signifie rien, il choisit la mort pour en faire un signe. Mais c'est grâce au Poète seulement qu'il y a signe : lui seul, au temps d'Homère, est un maître de Mémoire. Aujourd'hui, il s'agit toujours de s'adresser, d'une manière ou d'une autre, aux hommes de l'avenir et cela s'appelle créer. Il y a, certes, bien d'autres manières que la sublime poésie épique de transmettre des signes, et surtout le risque est plus grand qu'il n'a jamais été de parler pour personne, de signifier pour rien, et aussi que l'avenir ne dure pas longtemps. Mais le sens de la vie est toujours de ne pas s'arrêter au bonheur, de relever le défi de la mort, et de faire effort pour que nos idéaux, nos valeurs ne s'effondrent pas avec nous mais soient ceux, aussi, des hommes de demain. Il faut qu'après nous il y ait encore la vie, et une vie en réflexion, une vie pensante. La pensée qui fonde l'éthique est clairement indiquée par Homère. Achille reproche à Agamemnon de ne pas savoir « rapprocher l'avenir du passé » (*Il.*, 1.343). Polydamas ne brille pas au combat, comme son ami Hector, mais il montre sa valeur au conseil, car il « voit à la fois le passé et l'avenir » (18.250). La pensée qui fonde l'attitude éthique devant l'existence ne laisse pas le présent et l'avenir l'un d'un côté l'autre de l'autre,

mais elle les pense ensemble. Il ne faut pas vivre pour
le moment présent mais avec la pensée des suites, car
l'avenir viendra. Cet avenir : la mort. Que faire d'une
vie mortelle ? Laisser une image. L'*Iliade* est un livre
d'images. Les images seules ont de la durée. Mais ces
images sont des signes et des leçons : l'image d'Achille
fait signe vers l'héroïsme et l'enseigne par l'exemple.
Il s'agit d'être reconnu par les hommes de l'avenir et,
en même temps, de faire que les hommes de l'avenir ne
soient pas les « derniers hommes » de Nietzsche, mais
soient capables de cette reconnaissance.

Le bonheur n'est pas nié. Il est laissé à ceux qui, dans
cette vie, sont déjà des ombres, et pour qui est valable
le mot de Pindare : ἐπάμεροι (VIIIᵉ *Pythique*, 135),
« êtres éphémères ». Certes, Homère sait bien que telle
est la condition humaine. Qu'il suffise de rappeler ce
vers de l'*Iliade*, dont Pyrrhon avait fait son refrain : οη
περ φύλλων γενεή, τοίη δὲ καὶ ἀνδρῶν, « telle la race des
feuilles, telle celle des hommes » (6.146). Mais, précisément, l'homme n'est pas assujetti, comme l'animal,
à se borner à vivre sa condition. Il peut se révolter et
vouloir relever le défi de la disparition et de la mort. On
sait le double destin qui s'offrait à Achille : « Si je reste
à me battre ici autour de la ville de Troie, c'en est fait
pour moi du retour ; en revanche, une gloire impérissable
m'attend. Si je m'en reviens au contraire dans la terre de
ma patrie, c'en est fait pour moi de la noble gloire ; une
longue vie, en revanche, m'est réservée » (*Il.*, 9.412-416)
— une longue vie heureuse. Achille connaît la tentation
du retour. Il se souvient qu'il a souvent songé à couler
simplement, chez lui, dans sa Phthie natale, une vie
tranquille : « Mon noble cœur bien souvent m'a poussé
à prendre là pour légitime épouse une compagne qui

convînt à mon rang, afin de jouir ensuite, tranquille, des trésors du vieux Pélée » (*ibid.*, 398-400). En ce moment de nostalgie, il se dit que « rien ne vaut la vie », οὐ γὰρ ἐμοὶ ψυχῆς ἀντάξιον (401), que « la vie d'un homme ne se retrouve pas » (408). Parce que le héros est pleinement conscient de ce qu'il « manque », de toutes les joies qu'il n'aura pas, son choix est d'autant plus riche de sens. D'un côté, le bonheur, de l'autre, la grandeur, le fécond sacrifice de soi-même. Car le héros n'est pas heureux : Achille a peur (21.247), il gémit, il pleure (18.316 s.), et la pensée de sa vie « trop brève » ne le quitte pas. Mais la vie des gens heureux, qui trouve sa fin en elle-même, ne laisse pas de trace pour l'avenir. « Heureux » ? Soit ! mais ils sont bientôt comme s'ils n'avaient jamais été. Le Poète chante la colère d'Achille sous les remparts de Troie ; il ne chante pas la paix d'un village de vacances. Entre l'insignifiance et le sens, il faut choisir.

Il est facile, lorsqu'on coule une vie heureuse, d'avoir des amis ; ça l'est moins lorsqu'on choisit une vie qui s'exempte du bonheur. Les vrais amis sont ceux qui sont avec nous dans l'épreuve, qui, en particulier dans les conflits, sont, que l'on ait tort ou raison — une telle question ne se pose pas —, inconditionnellement de notre côté. De là le caractère exemplaire, paradigmatique, de l'amitié d'Achille et de Patrocle. On se gardera ici, en dépit de l'opinion contraire de quelques Anciens, Eschine notamment[1], de songer à une liaison homosexuelle. Il n'y a rien de tel chez Homère. Thétis

---

1. *Contre Timarque*, 133, 142-150. « Le genre de relations qu'Eschine prête à Achille et Patrocle n'est nullement suggéré par le poème, et il abuse en attribuant à ces héros les mœurs de son temps, que le poète a ignorées » (Victor Martin et Guy de Budé, *Eschine. Discours*, t. I, Les Belles Lettres, CUF, 1927, note au § 142).

conseille l'amour à son fils : « Il est bon de s'unir d'amour à une femme » (24.130). Toute autre pensée est exclue. Du reste, au chant 9, nous voyons Achille coucher avec « la jolie Diomède, la fille de Phorbas », tandis que Patrocle, à l'autre bout de la baraque, couche avec Iphis, une captive de choix, qui, du reste, est un cadeau d'Achille (9.664-668). Et il ne faut pas croire qu'Homère veut par là prévenir une autre interprétation de l'amitié des deux héros ; non : il dit simplement ce qu'ils font. Henri-Irénée Marrou voit dans l'homosexualité « une constante des sociétés guerrières, où un milieu d'hommes tend à se refermer sur lui-même[1] » ; mais les héros d'Homère ont, en abondance, des captives. Il rattache l'homosexualité à un « idéal misogyne de virilité totale[2] » : il n'y a aucune misogynie chez Homère — Achille aime Briséis, il lui marque du respect. L'amitié parfaite qui est entre Achille et Patrocle s'accompagne de délicatesse, de réserve, de pudeur ; elle exclut tout ce qui n'est pas compatible avec la grandeur des caractères. S'éloigne-t-on ici de ce qui est foncier dans la perception grecque de l'amour ? Nullement. Qu'en était-il dans l'ancienne Hellade ? « Le vocabulaire même de la langue grecque[3], observe H.-I. Marrou, et la législation de la plupart des cités attestent que l'inversion n'a pas cessé d'y être considérée comme un fait "anor-

---

1. *Op. cit.*, p. 63.
2. *Ibid.*, p. 66.
3. « La langue grecque traduit une réprobation formelle de l'inversion ; on la désigne par des termes qui signifient : déshonorer, outrager, action honteuse, conduite infâme, impureté, mœurs ignobles » (H.-I. Marrou, *op. cit.*, p. 518, n. 2). H.-I. Marrou renvoie à L.-R. de Pogey-Castries, *Histoire de l'Amour grec dans l'Antiquité, par M. H. E. Meier, augmentée d'un choix de documents originaux*, Paris, 1930.

mal"[1]. » Bref, pour un homme, ce qui est normal est d'aimer une femme, grâce à quoi, la sexualité ayant eu sa satisfaction, une amitié d'essence non charnelle est possible avec un homme. Cette amitié implique un mutuel engagement de caractère inconditionnel. J'ajouterai seulement, sans appui chez Homère, qu'une telle amitié essentielle, quoique non sexuelle, me paraît possible entre un homme et une femme.

Le rapport d'amitié n'a rien à voir avec la morale. On n'éprouve pas de pitié pour son ami, pas plus qu'on ne saurait, sans faiblesse, s'apitoyer sur soi-même. Il est pourtant beaucoup question de « pitié » chez Homère, mais alors nous sommes dans le domaine de la morale. La morale homérique est une morale de la pitié. Homère ne théorise pas. Il ne se pose pas la question du « fondement » de la morale. Il s'agit seulement des rapports humains effectifs, de ce dont les hommes sont capables. « Tu dois aimer ton prochain comme toi-même », dit l'Évangile (Matthieu, 22.39). On accordera à Kierkegaard que « c'est précisément le signe distinctif de l'amour chrétien et son originalité qu'il puisse contenir cette contradiction apparente : Aimer est un devoir[2] ». Le prochain est n'importe quel homme, tout membre de la famille humaine : par exemple, pour un père, ce peut être le meurtrier de son enfant. Voilà pourquoi l'amour est un devoir : on ne peut aimer n'importe quel homme d'un amour naturel. « Aimez vos ennemis », dit Jésus (Matthieu, 5.44). Une telle exigence n'a pas une origine humaine et ne vaut pas d'un point de vue purement

---

1. *Op. cit.*, p. 61. Platon fait de l'amour masculin un amour « contre nature » (παρὰ φύσιν, *Lois*, I, 636 c).

2. *Vie et règne de l'amour*, trad. P. Villadsen, Paris, Aubier-Montaigne, s.d., p. 33.

humain. De ce point de vue, ce qui est demandé apparaît comme une impossibilité, et il n'y a pas de sens à vouloir ou à « tendre vers » ce qui est impossible. Pour les hommes simplement hommes, quelle attitude est possible envers celui qui nous a fait du mal ? On dira : la vengeance. Sans doute, mais je parle d'une attitude morale. On peut avoir pitié de l'adversaire, de l'ennemi, non pas lorsqu'il triomphe, mais lorsqu'il nous apparaît faible et malheureux. Il faut que la force soit de notre côté, la faiblesse du sien. Dans l'*Iliade*, la hiérarchie des hommes et des dieux s'établit exclusivement sur le fond de rapports de force. Ajax est plus fort que Ménélas ou même qu'Ulysse, Achille est encore plus fort (21.214-215). Mais les dieux sont supérieurs aux hommes parce que plus forts : le moindre des dieux, par exemple le fleuve Scamandre, est plus fort qu'Achille. Chez les dieux, Athéné est plus forte qu'Arès (21.411), Héré qu'Artémis (21.486), Zeus plus fort que tous les dieux ensemble. Le sort des combats n'est pas laissé au hasard. Il est réglé par les rapports statutaires de force. Ainsi que le dira Thucydide (V, 105.2), « Une loi de nature fait que toujours, si l'on est le plus fort, on commande ». Achille doit l'emporter sur Hector parce qu'il est, par principe, plus fort que lui. Mais, dès qu'il y a des forts, il y a des faibles. Le problème de la morale est : quelle attitude devons-nous avoir envers les faibles ? L'« amour » n'est pas ici à sa place. Ce dont les hommes sont capables, c'est de pitié, et ce que les faibles sont en droit de dire, ce n'est pas : aimez-moi, mais : ayez pitié. La Pitié était personnifiée comme une divinité chez les Athéniens. « Zeus Père, maître de l'Ida [...], accorde-moi, chez Achille, où je vais, de trouver tendresse et pitié » : telle est la prière de Priam lorsqu'il va réclamer au Péléide le corps d'Hector

(24.308-309). Les héros, Ajax par exemple (5.610), Ménélas (5.561), sont souvent « émus de pitié ». Ce dont Phoebos Apollon, à un certain moment, accuse Achille devant l'Assemblée des dieux, c'est d'avoir, comme le lion, « quitté toute pitié » (24.44). Toute société est composée de forts et de faibles : les forts ont argent, honneurs, pouvoir, sécurité de l'emploi et de nombreux amis ; les faibles sont les pauvres, les malchanceux, les malades, les SDF, les vieillards, etc. Mais le faible par excellence est l'enfant. Homère marque pour l'enfant une tendresse et une pitié infinies : quand il évoque le sort d'Astyanax, le fils d'Hector, désormais orphelin, cela vaut pour tous les orphelins du monde. Si l'enfant est le faible par excellence, que dire de l'enfant à naître ? Je ne sais pas si Homère a admis l'avortement, mais je ne le crois pas : l'enfant à naître a dû lui paraître sacré. Je ne vois pas quelle autre opinion serait compatible avec cette profonde humanité qui se fait jour dans son œuvre, avec tant de délicatesse et d'intelligence d'autrui. On me dira que les enfants difformes ou maladifs étaient exposés à Sparte, que Platon et Aristote approuvent le fœticide et même l'infanticide. Sans doute, mais l'esprit d'Homère n'est pas encore celui de Lycurgue, lequel décidera à Sparte, et enseignera aux Platoniciens, que les sentiments et intérêts de l'individu doivent être subordonnés, voire sacrifiés, aux intérêts de l'État. Au temps d'Homère, où il n'y a pas encore d'État, du moins d'État autoritaire[1], la morale n'est pas encore tenue de s'aliéner à la politique.

---

1. Au temps de la naissance des *poleis*, « l'État n'imposait son autorité ni son influence à aucun aspect de la vie, ni économique ni culturelle » (Victor Ehrenberg, *L'État grec*, trad. franç., Paris, Maspero, 1976, p. 379).

On sait les critiques que les Stoïciens, Spinoza et d'autres ont formulées de la pitié, laquelle serait un sentiment indigne du sage, que l'on laisse avec dédain au commun des mortels, incapables de s'élever plus haut. Car le sage n'a nul besoin, pour aider les autres, de prendre part à leur souffrance — et, si aucune aide n'est possible, pourquoi ajouter sa peine à celle d'autrui ? Socrate, en ce cas, aurait tort de s'exclamer, parlant du serviteur des Onze, qui, certes, ne peut rien pour lui, mais pourtant se met à pleurer : « Quelle générosité (ὡς γενναίως) dans la façon dont il me pleure ! » (*Phédon*, 116 *d*, trad. Robin.) Mais l'émotion, ici, vaut mieux que l'indifférence. Car l'impuissance ne dispense pas de la sympathie. Il reste que « Aie pitié de moi » signifie avant tout : Aide-moi. Ainsi l'entend Homère. « Accueille en ta pitié, seigneur, le suppliant [...] », s'exclame Ulysse, s'adressant au dieu qui peut l'aider (*Od.*, 5.450). Accorder une valeur au simple sentiment, à la seule intention, aux événements purement subjectifs, non manifestés, suppose un Dieu qui perce le secret des cœurs : c'est là une position abstraite (puisque l'on considère l'intérieur *à part* de l'extérieur) totalement étrangère à l'esprit grec. Le réalisme profond des Grecs veut des actes — ou, à défaut, des signes, des gestes symboliques. Ne compte que ce qui se manifeste, que ce qui se réalise au-dehors : ce que tu fais pour moi, ce que je fais pour toi. « Si tu m'aimes, prouve-le-moi », dit-on. Voilà qui est grec ! La pitié est cela dont les hommes sont capables. « Le commun des mortels » ? Soit ! Mais c'est avec le « commun des mortels » que nous vivons, et le dédain que montrent les Stoïciens, Spinoza et autres « sages », au nom de leur raison éthérée qui n'est la raison de personne, ne

témoigne de leur part que d'une vaine tentative pour
sortir du lot. Spinoza en veut à la tristesse; c'est un
maniaque de la joie. La joie seule serait bonne. Que
de choses, pourtant, nous apprennent la tristesse et la
douleur! « Souffrir pour comprendre » : telle est la loi
que Zeus a donnée aux hommes, proclame le Chœur de
l'*Agamemnon* d'Eschyle (v. 176-178). Faut-il rappeler
aussi l'unité héraclitéenne des contraires, et l'absurdité
qu'il y a à jeter le discrédit sur l'un des côtés inéluc-
tables de tout ce qui est réel? Bref, « le courroux de
Zeus Suppliant attend tous ceux qui restent insensibles
aux plaintes de qui souffre » : ainsi parle le Chœur des
Suppliantes d'Eschyle (v. 385-386). « Zeus des sup-
pliants », Ζεὺς ἱκετήσιος : Eschyle reprend l'expression
d'Homère (*Od.*, 13.213). Ne rêvons pas : c'est la pitié,
la compassion, qui suscite tant de gestes d'entraide,
de solidarité, au spectacle de toutes les horreurs de
ce monde, dont l'image vient chaque jour hanter nos
foyers. La pitié est le sentiment universel : celui que
l'on a pour le malheureux, fût-il l'ennemi. C'est ainsi
qu'Ulysse a pitié d'Ajax : « Le malheureux a beau
être mon ennemi, j'ai pitié de lui quand je le vois
ainsi plier sous un désastre » (Sophocle, *Ajax*, 121 s.).
L'universalité de la pitié s'étend à tout le monde des
vivants. Zeus prend en pitié les chevaux d'Achille
(*Il.*, 17.441 s.). C'est de ce point de vue que l'on peut
songer sinon à un « droit » des animaux, du moins à
des devoirs envers eux. Car toute souffrance, comme
telle, est un appel à la compassion.

En résumé, la conception homérique des choses
humaines me semble juste. L'homme est au sein de la
nature qui le fait vivant et qui le fait mort. « Mais les
dieux? », me direz-vous. Je vois, certes, les dieux; ils

abondent chez Homère. Mais je ne vois pas le divin.
Comme l'observe un commentateur, les dieux sont
« absolument semblables à des hommes[1] » — excepté,
ajouterai-je, qu'ils sont plus forts et sont immortels : ils
mangent, boivent, festoient, aiment, désirent, souffrent,
dorment, ont des syncopes, etc. Dès lors, que reste-t-il
en propre pour le divin ? Le divin s'évanouit comme
tel. Les dieux sont plus forts, vivent plus longtemps : ce
sont là des différences quantitatives, mais il n'y a pas
une nature du divin. Le « divin » n'est que de l'humain.
Cependant, que dans le mot « divin » il n'y ait rien de
plus que dans le mot « humain » ne signifie pas que
l'inverse soit vrai. Parce que les hommes vivent en
craignant la mort, ils acquièrent une profondeur qui
n'est pas chez les dieux. Les dieux n'ont rien de mystérieux ; ils sont tout en surface et figés en eux-mêmes, ce
dont témoignent leurs attributs, par exemple la lance,
le casque et l'égide pour Athéna. Chez l'homme est la
richesse, la diversité, la complexité. Car, face à la mort,
les hommes se révèlent bien différents : il y a les lâches
et les braves, ceux qui ne veulent que vivre et ceux qui
entendent relever le défi de la mort, etc. ; et de même,
face à autrui, à sa faiblesse, à sa douleur, il y a les insensibles, les cruels et ceux qui sont enclins à la pitié.

Comment vivre sensément ? Chacun de nous, Occi-
dentaux, peut s'essayer à devenir oriental, peut essayer
sur lui une sagesse orientale, mais, pour autant qu'il
reste fidèle à l'esprit de l'Occident, il n'y a que deux
solutions : grecque ou chrétienne (ou judéo-chrétienne),
rationnelle ou irrationnelle, philosophique ou reli-

---

1. Eugène Lasserre, traduction de l'*Iliade*, Garnier-Flammarion,
note 259.

gieuse : ou la raison ou la Révélation, ou la philosophie
ou la religion, ou Athènes ou Jérusalem. Pour le philosophe, en tout cas, il faut choisir. Tout philosophe est,
en droit, l'enfant de la Grèce. Qu'advient-il lorsqu'il
a eu, comme aujourd'hui souvent, une éducation chrétienne ? Il doit s'en défaire, se dépouiller de toutes les
croyances qui ne lui viennent pas de la lumière naturelle. Au « devenir-chrétien » de Kierkegaard, j'oppose
le devenir-païen ou plutôt le devenir-grec. Qu'il soit
difficile au « chrétien » de devenir chrétien[1] ne signifie pas qu'il lui soit facile de devenir païen. Y suis-je
parvenu ? Je sens en moi un empêchement à admettre
l'avortement, qu'aucune opinion grecque ne pourrait
résoudre. C'est pourquoi j'ai soutenu qu'Homère, pro-
bablement, ne l'admettait pas.

... Mais c'était une esquive. Il faut maintenant aller
au fond des choses. Si je suis opposé à la destruction
d'un enfant à naître, d'un enfant virtuel, c'est évidemment qu'il me semble avoir le même droit de vivre
qu'un enfant qui vient de naître, lequel a le même
droit à la vie que n'importe quel enfant ou n'importe
quel homme, en vertu d'un droit rationnel et universel,
celui-là même qui est au cœur de la philosophie des
Lumières, inspiratrice de la *Déclaration des droits de
l'homme et du citoyen* du 26 août 1789 et de ce qu'il
y a d'irrévocable dans la Révolution. Par-delà toutes
les distinctions particulières — d'âge, de sexe, de natio-
nalité, d'origine ethnique, d'origine sociale, etc. —,
les hommes sont égaux en droit — mais j'écris « en
droit », au singulier, et non, comme la *Déclaration* de

---

1. Cf., par exemple, *Post-scriptum aux miettes philosophiques*,
trad. Paul Petit, Paris, Gallimard, 1949, p. 246.

1789 en son article premier, au pluriel. Ne sommes-nous pas, ici, très loin d'Homère, chez qui les nobles, « les meilleurs », ne sont nullement les égaux en droit(s), que ce soit au singulier ou au pluriel, des gens du peuple, dont il est, du reste, à peine question ?

Voyons pourtant ce que signifie l'égalité « en droits » pour la *Déclaration* de 1789. Chacun peut « faire tout ce qui ne nuit pas à autrui » (art. 4). Il peut donc aller jusqu'au bout de ce qui lui est possible — sans léser autrui. Mais ce qui est possible à l'un n'est pas possible à l'autre, et, en général, chacun aime l'activité où il se montre le meilleur. Il y aura donc de grandes différences entre les hommes. Or, à quoi tiennent ces différences ? Tous les citoyens sont « également accessibles à toutes dignités, places et emplois publics, selon leur capacité et sans autre distinction que celle de leurs vertus et de leurs talents » (art. 6). Or, à quoi tiennent les talents et les capacités ? D'où vient que l'un soit un as en mathématiques, qu'un autre soit devenu un champion cycliste ou un pianiste virtuose, qu'un autre enfin — ce fut mon cas — se soit trouvé sans aucune aptitude particulière (je ne dis pas sans intelligence générale)[1] ? C'est la nature qui distingue les individus par leurs capacités et leurs talents. Dans la première phase de la société communiste, selon Karl Marx, chacun reçoit en proportion de ce qu'il donne. Laissons de côté le fait que ce qu'il donne soit compris par Marx sous la notion trop étroite de « travail » — car le travail est quelque chose qui, bien que nécessaire, est absolument inessentiel — puisqu'il est aliénation de la vie libre —, et cela, les Grecs l'ont admirablement

---

1. On reconnaît la distinction de Spearman.

reconnu[1]. Dans une telle société, donc, où règne l'égalité des chances, qu'adviendra-t-il? Chaque individu
reçoit selon ce qu'il donne. Mais, observe Marx, « un
individu l'emporte physiquement ou moralement sur
un autre[2] ». Que devient alors l'égalité? « Le droit égal
est un droit inégal pour un travail inégal. » Un tel droit,
ajoute Marx, « reconnaît donc tacitement l'inégalité
des dons individuels et, par suite, des capacités produc-
tives comme des privilèges naturels[3] ». Une société fondée sur l'égalité des chances signifie donc l'émergence
des seules différences et inégalités naturelles. Car les
individus sont distincts, et, comme le dit Marx, ils « ne
seraient pas des individus distincts s'ils n'étaient pas
inégaux[4] ». Lénine, dans sa lecture du texte de Marx,
souligne cette phrase et ajoute : « Car l'un est fort et
l'autre faible, etc.[5]. » Et les forts sont nécessairement
les « meilleurs », les *aristoi* — ou du moins, les *aristoi*
sont nécessairement parmi les forts. Ainsi, une société
où se trouvent abolis tous les privilèges laisse place aux
seuls privilèges naturels, et donc ce qui se substitue à
toute autre aristocratie, c'est l'aristocratie « voulue »
par la nature, l'aristocratie naturelle. Une injustice, si
l'on veut, en remplace une autre, mais cette « injustice » est celle de la nature.

Nous sommes au plus près d'Homère. Car à quoi tient
qu'Athéné soit plus forte qu'Arès, Héré qu'Artémis,

---

1. Les Hellènes tiennent le travail pour « honteux », observe
Nietzsche (*La Naissance de la tragédie*, éd. citée, p. 263).
2. *Critique du programme de Gotha*, I, 3.
3. *Ibid.* Traduction des Éditions sociales modifiée.
4. *Ibid.*
5. Sur la critique du programme de Gotha, extrait du cahier
Le Marxisme au sujet de l'État (janvier-février 1917).

qu'Achille ou Ajax soient plus forts que d'autres héros? Si Achille est le plus fort, ce n'est pas parce qu'il est un fils de roi : fils de roi, Pâris l'est bien aussi. Ce n'est pas parce qu'il descend de la race de Zeus par son père et que sa mère, Thétis, est une déesse : Enée aussi descend de Zeus et sa mère est Aphrodite. Achille est fort par nature, et tous les héros sont par nature ce qu'ils sont. La nature décide, ou, si l'on veut, le destin. Maintenant, dans l'ἀγών, le fort l'emporte toujours, comme on l'a vu, sur le faible. Cela suppose qu'il y ait entre eux égalité des chances. Et, en effet, dans les combats singuliers entre héros règne l'égalité des chances : même règle du jeu, mêmes armes, mêmes méthodes de combat, etc. Certes, Enée se plaint que, dans un combat contre Achille, les chances ne soient pas égales (cf. *Il.*, 20.100-101) : Achille, « à ses côtés, toujours a un dieu prêt à écarter de lui le malheur » (20.98). Mais le rôle du dieu est, précisément, de faire en sorte que, dirions-nous, « la logique soit respectée ». Achille lance sur Hector sa pique de bronze. Raté. La pique va se ficher au sol; mais Pallas Athéné « aussitôt la saisit et la rend à Achille, sans être vue d'Hector » (22.276-277). Combat truqué? Oui et non. Achille doit vaincre Hector par droit naturel.

Droit naturel : droit rationnel. Que serait notre démocratie si un jour y régnait l'égalité des chances? Nul n'aurait sur un autre d'autre avantage que celui, ou ceux, que lui aurait donnés la nature. La grande égalité des chances qui règne entre les héros d'Homère, telle que seules les inégalités naturelles font, entre eux, la différence, serait étendue à tous les membres de la société : n'auraient plus droit de cité que les privilèges naturels, et ne subsisterait plus, comme dans le monde des héros, que la seule aristocratie naturelle. Est-ce à dire que les nouveaux *aristoi* auraient le pouvoir politique, média- tique, économique ? Mais les héros d'Homère ne visent aucunement le pouvoir. Achille ne songe pas à détrôner Agamemnon. Quant à son mépris des richesses, il n'est que de voir combien superbement il rejette, au chant 9 de l'*Iliade*, les offres mirifiques d'Agamemnon. Et quant aux signes honorifiques ostentatoires, que vaudraient-ils pour Achille, dès lors qu'ils ne vaudraient pas pour lui seul ? Il s'agit pour lui, je l'ai dit, de relever le défi de la mort, d'inscrire de soi dans la mémoire des hommes de l'avenir non une image quelconque, mais une image de héros. Le Poète est un maître de Mémoire. Cela signifie qu'il ne retient pas tout. La plupart des choses de la vie méritent d'être laissées à leur néant. Le héros ne tient pas de journal intime, et le Poète chante les grandes actions, celles qui par elles-mêmes font signe vers les sommets. Qui sont, dans une société homérique devenue univer- selle, les nouveaux *aristoi* ? « Ceux qui œuvrent, dirait Heidegger, poètes, penseurs, hommes d'État[1]. » « Ceux qui œuvrent » : entendons non ceux qui convoitent, qui calculent, qui possèdent, qui administrent, qui gèrent, mais ceux qui créent. Les uns et les autres, certes, s'affirment par le combat, l'ἀγών. La civilisation homé- rique universelle ne peut être qu'agonistique. Mais il y a deux sortes de combats : ceux qui épuisent leurs effets dans le monde de l'heure qui passe, et ceux qui, au-delà de la fugitivité de ce monde, laissent des signes pour l'avenir. Les *aristoi* sont les poètes et les penseurs — et les hommes d'État, soit ! Ceux du moins dont la poli-

---

1. *Introduction à la métaphysique*, trad. Gilbert Kahn, Paris, PUF, 1958, p. 72.

tique à très longue vue tend à établir les conditions de
la paix de l'avenir. Les poètes, les penseurs, les philosophes le sont par fidélité à leur être essentiel, à leur
nature, dans une société qui permet à chacun le libre épanouissement de son être, qui ainsi rend possible le libre
jeu de la nature. Les créateurs ne sont pas les élus du
peuple et n'y prétendent pas ; ils ne sont pas les rivaux
des hommes politiques. La démocratie fonctionne sans
eux. Ils ne sont d'ailleurs intéressés qu'à l'égalité des
chances, et non au fait qu'elle soit assurée par un régime
plutôt qu'un autre. Il se trouve simplement que l'épanouissement d'un créateur selon sa loi de nature ne se
conçoit que dans un régime de liberté, où chacun ait
droit à la parole et à la manifestation de soi.

Ainsi il y a trois sortes d'hommes : ceux qui s'en
tiennent à un certain confort de vie qu'ils appellent le
bonheur ; les entrepreneurs, qui visent l'avoir, que ce
soit le pouvoir politique, médiatique, économique, ou
la richesse, les honneurs ; les créateurs enfin qui visent
au-delà d'eux. « Créer par-delà nous ! », dit Nietzsche.
Des premiers, dans l'*Iliade*, Echépole qui a préféré « ne
pas suivre Agamemnon sous Ilion battue des vents et rester chez lui avec délices » (23.296-299) ; des seconds,
Agamemnon, qui entreprend la guerre de Troie ; de la
troisième sorte enfin, les Ajax, les Diomède, les Achille,
etc., ces héros qui sont dignes d'être magnifiés par le
Poète. Il appartient aux entrepreneurs d'être des chefs ;
les créateurs ne sont pas des chefs. Le tort de Heidegger
est de concevoir les créateurs comme des chefs[1]. Entre
les chefs et les créateurs s'ouvre un abîme. Les uns et

---

1. Cf. Richard Wolin, *La Politique de l'Être*, Paris, Éd. Kimé,
1992, p. 193 s.

les autres sont forts mais leur force est différente, et il y a beaucoup de faiblesse dans la force des chefs. Le philosophe est au nombre des créateurs, car son œuvre ne se détache pas de lui : sans lui elle n'aurait jamais été, et elle ne peut pas ne pas porter son nom. Certes, la visée du philosophe est le vrai. Mais qui dit vérité dit réalité offerte, dévoilée. Quelle réalité ? C'est le philosophe lui-même qui décide de ce qui mérite d'être dit « réel », et ainsi instaure la vérité comme dévoilement du réel comme tel et dans son ensemble.

« Le vrai n'est pas pour tout le monde, mais seulement pour les forts », dit Heidegger[1]. Ne parlons pas d'« élitisme ». L'élitisme est un système favorisant l'élite[2]. Or, le philosophe ne demande pas de faveurs. Dans une société où règne l'égalité des chances, les seules faveurs sont celles qu'a accordées la nature. C'est la nature qui est « élitiste ». Et ce n'est pas parce que la nature l'a distingué, l'a, en quelque sorte, choisi, que le philosophe ne se croit pas l'égal en droit de tout homme. Mais alors que les autres hommes restent encore comme des prisonniers dans la caverne des idées reçues, il a atteint la singularité par le fait même de s'être voué à l'universel. Il est donc à part et dissemblable, mais non méprisant. Depuis quand les dieux épicuriens méprisent-ils les hommes ?

Devenir grec, c'est faire d'Homère notre maître en art de penser et de conduire sa vie, comme il l'a été des Grecs. La véritable avancée consiste à reculer jusqu'aux Grecs, et ici je dis : jusqu'à Homère. La philosophie première des Grecs est celle d'Homère. Sans

---

1. *Introduction à la métaphysique*, éd. citée, p. 146.
2. Cf. *Dictionnaire de notre temps*, Hachette, s.v. « Élitisme ».

encore aucune spéculation, aucun ajout théorique ou conceptuel, elle exprime la vérité primordiale de la vie, la toute première évidence. Ne nous leurrons pas, nous dit-elle : il y a la vie, il y a la mort — c'est tout ce que nous saurons jamais. Alors que faire ? La sagesse des héros repousse le laisser-aller, le laisser-vivre. Elle fait signe vers les hauteurs. Le sens de la vie n'est pas donné, ni écrit ; il est en suspens dans la liberté et la responsabilité de chacun. À chacun de faire qu'il y ait du sens à vivre. Il y a la vie, il y a la mort : mais, de plus, il y a du sens si la vie va au-delà de la vie. Le sens est d'aller au-delà de soi-même. Achille et Hector sont morts sous les remparts de Troie, mais leur âme, ψυχή, n'est pas allée dans l'Hadès. ψυχή signifie « vie ». Leur âme vit en chacun de nous, de ceux pour qui Homère est toujours vivant.

L'avouerai-je ? Philosophe, je me sens l'âme d'Hector. L'ascendance divine d'Achille est trop évidente. Cela me gêne. Hector n'est qu'humain, rien qu'humain. Au chant XXII, en face d'Achille à qui la victoire est promise, abandonné des dieux, il se sent terriblement seul ; il a peur. Car les héros d'Homère sont des héros parce qu'ils sont d'abord des hommes qui ont peur. Hector connaît l'angoisse de la mort : « À cette heure, elle n'est plus loin, elle est là, pour moi toute proche, la cruelle mort : nul moyen de lui échapper » (*Il.*, 22.300-301). Toutes les illusions sont bannies ; tous les leurres sont dénoncés. Il ne reste rien que la mort. Or, quelle différence y a-t-il là avec la condition du philosophe, sinon que les armes d'Hector sont la cuirasse, le bouclier, la pique de frêne, le glaive aigu, et la seule arme du philosophe, la raison ? La tentation de la raison philosophique est de s'aliéner dans le système. À cette tentation, à l'exemple de Montaigne, il ne faut pas céder. Que savons-nous véritablement ? Rien de ce que les philosophes de la grande tradition dogmatique (et ici je fais de Kant un dogmatique[1]) ont prétendu savoir. Il n'y a pas, il n'y aura jamais de connaissance philosophique. Car ne sera jamais levé le mystère de la mort. Il n'y a pas de victoire possible pour la raison du philosophe, pas plus que pour Hector. Mais l'homme, comme dit Pascal, a une « idée de la vérité, invincible à tout le pyrrhonisme » (*Pensées*, fr. 395 Brunschvicg). Il lui est impossible de ne pas chercher à comprendre. Se contentera-t-il des réponses toutes faites que les religions apportent ? Il le peut ; il peut laisser sa raison somnoler sur le mol oreiller des idées reçues. Mais il peut aussi faire de la raison cet usage qui a nom philosophie : une tentative toujours recommencée pour lever le voile qui enveloppe l'homme. Je n'ai pas de solution définitive à la question de l'homme. Mais j'ai la mienne, toujours réexaminée ; j'ai ma vérité. Elle me permet, ai-je dit, le matin, de vivre jusqu'au soir, et de vivre non pas en me laissant vivre, mais en assumant résolument la vie, en voulant la vie, c'est-à-dire, selon la leçon d'Héraclite, en voulant, de la vie, à la fois le bon et le mauvais côté, et cela sans plainte, ni récrimination, ni regret, ni prière, mais avec une sorte de gratitude.

1995.

---

1. Cf. notre *Orientation philosophique*, 2e éd., PUF, 1990, p. 82.

SOURCES

« Analyse de l'amour » et « L'obligation morale » sont
inédits. Les autres textes ont déjà été publiés.

« Le bonheur comme fait : bonheur de surface et bonheur
philosophique », conférence donnée le 28 octobre 1993 dans
le cadre du 5ᵉ Forum organisé au Mans par le journal *Le
Monde*, a paru dans le recueil *Où est le bonheur ?*, textes
réunis et présentés par Roger-Pol Droit, Paris, Le Monde
Éditions, 1994, p. 89-103.

« La tolérance française et sa signification universelle »
est extrait de *La Tolérance aujourd'hui. Analyses philosophiques*. Document de travail pour le XIXᵉ Congrès
mondial de philosophie (Moscou, 22-28 août 1993), Paris,
Unesco, août 1993, p. 69-81. Il a été repris dans l'ouvrage
collectif *Tolérance, j'écris ton nom*, Paris, Éditions Saurat-
Unesco, 1995, p. 171-186, et dans la revue *L'Enseignement
philosophique*, juillet-août 1996, p. 40-50.

« Signification de la nature : le réconfort », conférence
donnée à Lausanne le 27 août 1994 dans le cadre du
XXVᵉ Congrès des Sociétés de philosophie de langue française, a paru dans les *Cahiers de la Revue de théologie et
de philosophie*, nᵒ 18, *La Nature*, Actes du Congrès publiés
sous la direction de Daniel Schulthess, Genève-Lausanne-
Neuchâtel, 1996, p. 131-135.

« Devenir grec », conférence donnée à l'Université de Neuchâtel le 8 novembre 1995, a paru dans *La Revue philosophique* (directeur : Yvon Brès), janvier-mars 1996, p. 3-22.

Table

Du même auteur :

MONTAIGNE OU LA CONSCIENCE HEUREUSE, Éd. Seghers, 1964 ; 3ᵉ éd., 1970 ; 4ᵉ éd., Éd. de Mégare, 1992 ; 2ᵉ éd., PUF (coll. « Perspectives critiques »), 2008.

LUCRÈCE ET L'EXPÉRIENCE, Éd. Seghers, 1967 ; 3ᵉ éd., Éd. de Mégare, 1990 ; FIDES, 2003

PYRRHON OU L'APPARENCE, Éd. de Mégare, 1973 ; 2ᵉ éd., PUF (coll. « Perspectives critiques »), 1994.

LA MORT ET LA PENSÉE, Éd. de Mégare, 1973 ; 2ᵉ éd., 1975 ; 3ᵉ éd., C. Defaut, 2008.

ORIENTATION PHILOSOPHIQUE, Éd. de Mégare, 1974 ; 2ᵉ éd., PUF (coll. « Perspectives critiques »), 1990.

ÉPICURE : LETTRES ET MAXIMES, texte grec, traduction, introduction et notes, Éd. de Mégare, 1977 ; 2ᵉ éd., PUF (coll. « Epiméthée »), 1987 ; 3ᵉ éd., 1990 ; 4ᵉ éd., 1992.

OCTAVE HAMELIN : SUR LE « DE FATO », publié et annoté par Marcel Conche, Éd. de Mégare, 1978.

LE FONDEMENT DE LA MORALE, Éd. de Mégare, 1982 ; 2ᵉ éd., 1990 ; 3ᵉ éd., PUF (coll. « Perspectives critiques »), 2003.

Introduction au DICTIONNAIRE DES PHILOSOPHES (dir. D. Huisman), et nombreux articles, PUF, 1984.

HÉRACLITE : FRAGMENTS, texte établi, traduit et commenté, PUF (coll. « Epiméthée »), 1986 ; 2ᵉ éd., 1987 ; 3ᵉ éd., 1991.

Nietzsche et le bouddhisme, Cahiers de Collège international de philosophie, n° 4, novembre 1987.

Montaigne et la philosophie, Éd. de Mégare, 1987; 2ᵉ éd., PUF (coll. « Perspectives critiques »), 2007.

L'aléatoire, Ed.de Mégare, 1989; 2ᵉ éd., 1990; 3ᵉ éd., PUF (coll. « Perspectives critiques »), 1999.

Anaximandre : Fragments et Témoignages, texte, traduction, introduction, commentaires, PUF (coll. « Epiméthée »), 1991.

Temps et destin, PUF (coll. « Perspectives critiques »), 1992.

Henri Bergson Psychologie et Métaphysique (Cours de Clermont, 1887-1888), publié, d'après la rédaction d'Émile Cotton, par Marcel Conche (à paraître aux PUF).

Essais sur Homère, PUF (coll. « Perspectives critiques »), 1999.

Analyse de l'amour et autres sujets, PUF (coll. « Perspectives critiques »), 2000; 2ᵉ éd., 2005.

Présence de la nature, PUF (coll. « Perspectives critiques »), 2001.

Confession d'un philosophe, Albin Michel (coll. « Itinéraires du savoir »), 2003.

Le Sens de la philosophie, Encre marine, 2003.

Ma vie antérieure et le destin de solitude, Encre marine, 2003.

Quelle philosophie pour demain ?, PUF (coll. « Perspectives critiques »), 2003.

De l'amour : pensées trouvées dans un vieux cahier de dessin, Les Cahiers de l'Égaré, 2003.

Heidegger par gros temps, Les Cahiers de l'Égaré, 2004.

Philosopher à l'infini, PUF (coll. « Perspectives critiques »), 2005.

Journal étrange, vol. 1, PUF (coll. « Perspectives critiques »), 2006.

JOURNAL ÉTRANGE, vol. 2, PUF (coll. « Perspectives critiques »), 2007.

LA VOIE INCERTAINE VERS DIEU, Les Cahiers de l'Égaré, 2008.

JOURNAL ÉTRANGE, vol. 3, PUF (coll. « Perspectives critiques »), 2008.

JOURNAL ÉTRANGE, vol. 4, Encre marine, 2009.

JOURNAL ÉTRANGE, vol. 5, PUF (coll. « Perspectives critiques »), 2010.

LA LIBERTÉ, Encre marine, 2011.

MÉTAPHYSIQUE, PUF, 2012.

MA VIE (1922-1947) : UN AMOUR SOUS L'OCCUPATION, HDiffusion, 2012.

LE SENS DE LA PHILOSOPHIE, HDiffusion, 2014.

SUR ÉPICURE, Encre marine, 2014.

ÉPICURE EN CORRÈZE, Stock, 2014

DE L'AMOUR, HDiffusion, 2014.

ULTIMES RÉFLEXIONS, HDiffusion, 2015.

PENSER ENCORE : SUR SPINOZA ET AUTRES SUJETS, Encre marine, 2016.

NOUVELLES PENSÉES DE MÉTAPHYSIQUE ET DE MORALE, Encre marine, 2017.

PARCOURS. JOURNAL D'UNE VIE INTELLECTUELLE, HDiffusion, 2017.

CONVERSATIONS AVEC VAUVENARGUES, CHAMFORT, LA BRUYÈRE ET QUELQUES AUTRES..., Encre marine, 2018.

REGAIN. « L'ÂGE ME LAISSE DES REGAINS DE JEUNESSE », HDiffusion, 2018.

REGARD(S) SUR LE PASSÉ, HDiffusion, 2019.

LA NATURE ET NOUS, HDiffusion, 2019.

LA NATURE ET LA BEAUTÉ, HDiffusion, 2020.

Le Livre de Poche s'engage pour
l'environnement en réduisant
l'empreinte carbone de ses livres.
Celle de cet exemplaire est de :
300 g éq. CO_2
Rendez-vous sur
www.livredepoche-durable.fr

PAPIER À BASE DE
FIBRES CERTIFIÉES

Composition réalisée par PCA

Achevé d'imprimer en France par
CPI BUSSIÈRE (18200 Saint-Amand-Montrond)
en septembre 2020
N° d'impression : 2052914
Dépôt légal 1re publication : juin 2011
Édition 02 - août 2020
LIBRAIRIE GÉNÉRALE FRANÇAISE
21, rue du Montparnasse – 75298 Paris Cedex 06

31/5625/4